Vocabulary LiVE

2

Intermediate

Components & Features

DAY 01

02 MP3
01 Video

03

>> **follow** an **old tradition** 오래된 전통을 따르다

001 **follow**
[fálou]

⑧ 1 따라가다[오다] 2 (충고·지시 등을) 따르다
He **followed** me into the house. 그는 나를 따라 집 안으로 들어왔다.
I **followed** her advice. 나는 그녀의 충고를 따랐다.

04

002 **old**
[ould]

⑱ 1 나이 든, 늙은 ⓔ young 2 오래된 ⓔ new
He is an **old** man now. 그는 이제 노인이다.
an **old** building 오래된 건물

003 **tradition**
[trədíʃən]

⑲ 전통
Every country has its own **traditions**. 모든 나라에는 고유의 전통이 있다.
have a long **tradition** 오랜 전통이 있다

traditional ⑱ 전통의; 전통적인

05

06 **borrow** a(n) **cell phone/umbrella** 휴대전화를/우산을 빌리다

004 **borrow**
[bárou]

⑧ 빌리다
Can I **borrow** your book for a few days?
며칠간 내가 네 책을 빌릴 수 있을까?

07 005 **lend**
[lend]

⑧ (lent-lent) 빌려주다
I **lent** some money to my friend.
나는 친구에게 약간의 돈을 빌려주었다.

Word Link
내가 누군가에게 물건을 빌려주면 lend, 누구로부터 물건을 받아오면 borrow를 써요.

006 **cell phone**
[sélfoun]

⑲ 휴대전화
He called me on his **cell phone**. 그는 자신의 휴대전화로 내게 전화했다.

007 **umbrella**
[ʌmbrélə]

⑲ 우산
Don't open **umbrellas** indoors. 실내에서 우산을 펴지 마라.
a beach **umbrella** 비치 파라솔

08 **Word Link** Commonly Confused Words

borrow to take something and promise to return it
lend to let someone use something that is yours

• Read and circle the correct word.
1 I (borrowed / lent) my umbrella to my friend.
2 May I (borrow / lend) your book for a few days?

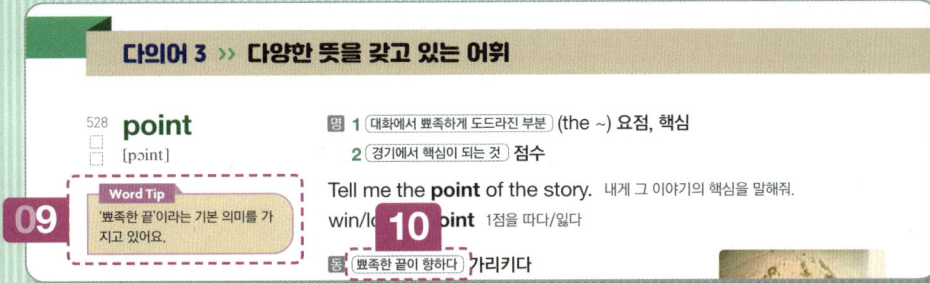

01	영상으로 덩어리 표현과 주제어를 다시 한번 학습하는 **Video**
02	QR코드를 이용하여 학습할 단어의 발음 청취
03	암기 횟수를 표시할 수 있는 2회독 체크박스
04	하루 20개 단어: 단어, 뜻, 예문, 유의어, 반의어, 참고 어휘 등 다양한 정보 수록
05	단어의 주요 파생어 수록
06	3~5개의 단어들을 패턴으로 묶어 한번에 익히는 덩어리 표현
07	형태나 의미적으로 서로 연관된 단어를 함께 학습하는 **Word Link**
08	Word Link에 기반한 문제 풀이를 통한 어휘력 확장
09	어원을 비롯한 단어 암기에 도움을 주는 **Word Tip**
10	핵심 뜻만 알면 저절로 외워지는 다의어 암기 TIP 제공
11	어원, 유래를 통해 의미를 유추하고 이해하는 관용표현 학습

교재에 사용된 기호

명	명사	부	부사	동	동의어	(-s)	복수형	[ ]	대체 가능 어구
대	대명사	접	접속사	유	유의어	(the ~)	단어 앞에 the가 함께 쓰임	( )	생략 가능 어구, 보충 설명
동	동사	전	전치사	반	반의어	to-v	to 부정사	(( ))	함께 쓰이는 전치사
형	형용사	감	감탄사			v-ing	동명사		

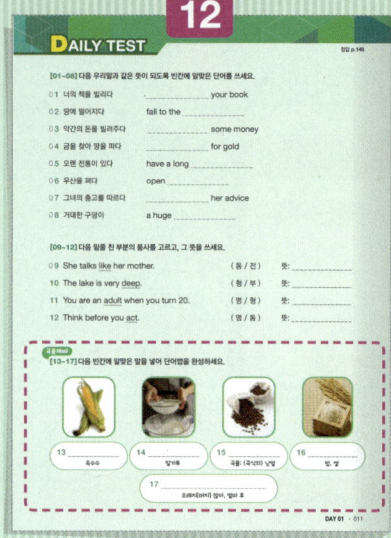
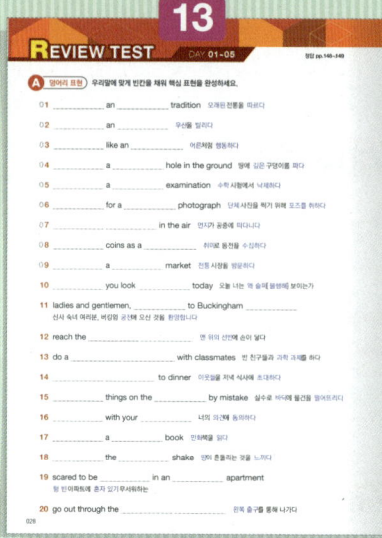
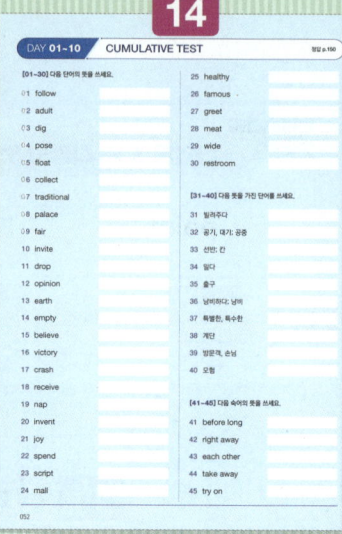

12 매일 암기한 어휘를 점검하고, MAP으로 주제별 어휘를 복습할 수 있는 **Daily Test**

13 5일간 학습한 단어 및 숙어를 점검하는 **Review Test**

14 10일간 학습한 단어 및 숙어를 점검하는 **Cumulative Test**

15 학습한 단어들로 구성된 재미있는 이야기를 읽고, 문맥 속에서 단어의 쓰임 파악

★ 한국식 영어 '콩글리시'를 대체할 수 있는 올바른 영어 표현 살펴보기

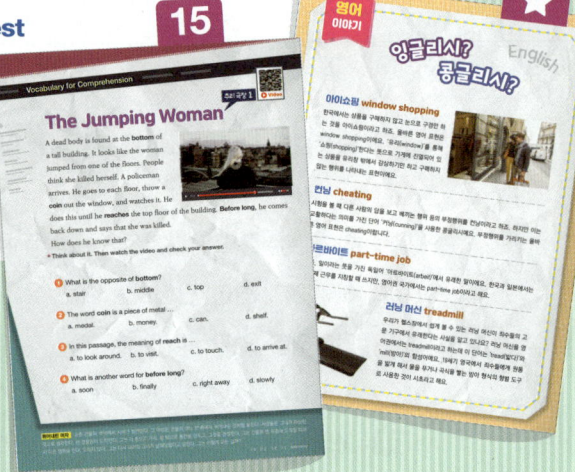

단어 암기를 돕는 온라인/오프라인 자료

복습용 워크북 (별책)

3가지 버전의 무료 MP3 파일

다양한 부가 자료

How to Study

Vocabulary LIVE 학습 TIP

1. 덩어리 표현으로 외우자!
자주 쓰이는 문형 속에 단어들을 심어서 말뭉치로 외우면 독해와 듣기 속도가 빨라져요.

2. 주제별로 외우자!
연관성이 높은 단어들끼리 묶어 학습함으로써 암기의 효율을 높일 수 있어요.

3. 다양한 뜻을 익히자!
다양한 뜻을 가진 다의어들은 핵심적인 뜻 하나로 다른 여러 가지 뜻을 유추할 수 있어요.

4. 유의어와 반의어를 익히자!
해당 어휘와 비슷한 말 또는 반대말을 함께 학습함으로써 어휘력을 확장할 수 있어요.

6주 완성 Study Plan

DAY별로 학습 여부를 체크하거나 학습 날짜를 적어 넣어 보세요.

	1일차	2일차	3일차	4일차	5일차	6일차	7일차
Week 1	DAY 01	DAY 02	DAY 03	DAY 04	DAY 05	DAY 01~05 복습	
어휘 학습							
Week 2	DAY 06	DAY 07	DAY 08	DAY 09	DAY 10	DAY 06~10 복습	
어휘 학습							
Week 3	DAY 11	DAY 12	DAY 13	DAY 14	DAY 15	DAY 11~15 복습	
어휘 학습							
Week 4	DAY 16	DAY 17	DAY 18	DAY 19	DAY 20	DAY 16~20 복습	
어휘 학습							
Week 5	DAY 21	DAY 22	DAY 23	DAY 24	DAY 25	DAY 21~25 복습	
어휘 학습							
Week 6	DAY 26	DAY 27	DAY 28	DAY 29	DAY 30	DAY 26~30 복습	
어휘 학습							

Contents

Part 1 중급 핵심 어휘

DAY 01	008
DAY 02	012
DAY 03	016
DAY 04	020
DAY 05	024
REVIEW TEST DAY 01~05	028
DAY 06	030
DAY 07	034
DAY 08	038
DAY 09	042
DAY 10	046
REVIEW TEST DAY 06~10	050
CUMULATIVE TEST DAY 01~10	052
Vocabulary for Comprehension	053
DAY 11	054
DAY 12	058
DAY 13	062
DAY 14	066
DAY 15	070
REVIEW TEST DAY 11~15	074
DAY 16	076
DAY 17	080
DAY 18	084
DAY 19	088
DAY 20	092
REVIEW TEST DAY 16~20	096
CUMULATIVE TEST DAY 11~20	098
Vocabulary for Comprehension	099
DAY 21	100
DAY 22	104
DAY 23	108
DAY 24	112
DAY 25	116
REVIEW TEST DAY 21~25	120
영어 이야기	122

Part 2 다양한 유형의 어휘

DAY 26~27 다의어	124
DAY 28~30 관용표현	132
REVIEW TEST DAY 26~30	144
CUMULATIVE TEST DAY 21~30	146
Vocabulary for Comprehension	147
Answer Key	148
Index	155

Part 1

DAY 01~25

중급 핵심 어휘

DAY 01

>> **follow** an **old tradition** 오래된 전통을 따르다

001 **follow**
[fálou]

통 1 따라가다[오다] 2 (충고·지시 등을) 따르다

He **followed** me into the house. 그는 나를 따라 집 안으로 들어왔다.
I **followed** her advice. 나는 그녀의 충고를 따랐다.

002 **old**
[ould]

형 1 나이 든, 늙은 (반) young 2 오래된 (반) new

He is an **old** man now. 그는 이제 노인이다.
an **old** building 오래된 건물

003 **tradition**
[trədíʃən]

명 전통

Every country has its own **traditions**. 모든 나라에는 고유의 전통이 있다.
have a long **tradition** 오랜 전통이 있다
traditional 형 전통의; 전통적인

>> **borrow** a(n) **cell phone/umbrella** 휴대전화를/우산을 빌리다

004 **borrow**
[bárou]

통 빌리다

Can I **borrow** your book for a few days?
며칠간 내가 네 책을 빌릴 수 있을까?

005 **lend**
[lend]

통 (lent-lent) 빌려주다

I **lent** some money to my friend.
나는 친구에게 약간의 돈을 빌려주었다.

Word Link
내가 누군가에게 물건을 빌려주면 lend, 누구로부터 물건을 받아 오면 borrow를 써요.

006 **cell phone**
[sélfoun]

명 휴대전화

He called me on his **cell phone**. 그는 자신의 휴대전화로 내게 전화했다.

007 **umbrella**
[ʌmbrélə]

명 우산

Don't open **umbrellas** indoors.
실내에서 우산을 펴지 마라.
a beach **umbrella** 비치 파라솔

›› act like a(n) adult/fool 어른처럼/바보처럼 행동하다

008 act [ækt]
동 행동하다 명 행동
Think before you **act**. 행동하기 전에 생각하라.
a brave **act** 용감한 행동
action 명 행동, 조치; 동작

009 like [laik]
동 좋아하다 전 ~처럼, ~와 비슷한
He is nice. I **like** him. 그는 착하다. 나는 그가 좋다.
She talks **like** her mother. 그녀는 자기 어머니처럼 말한다.

010 adult [ədʌ́lt]
명 어른, 성인 형 성인의, 다 자란
You become an **adult** when you turn 20. 20살이 되면 너는 성인이 된다.
an **adult** monkey 다 자란[성인] 원숭이

011 fool [fuːl]
명 바보 동 속이다
Don't be such a **fool**! 그렇게 바보같이 굴지 마!
You can't **fool** me! 넌 날 못 속여!
foolish 형 어리석은

›› dig a deep hole in the ground 땅에 깊은 구덩이를 파다

012 dig [dig]
동 (dug-dug) (구멍 등을) 파다
They **dig** for gold. 그들은 금을 찾아 땅을 판다.

013 deep [diːp]
형 깊은 부 깊이, 깊은 곳에
The lake is very **deep**. 그 호수는 매우 깊다.
live **deep** in the ocean 바다 깊은 곳에 살다

014 hole [houl]
명 1 구멍 2 구덩이
There is a **hole** in her sock. 그녀의 양말에 구멍이 났다.
a huge **hole** in the road 도로에 생긴 거대한 구덩이

015 ground [graund]
명 (the ~) 땅(바닥), 지면
The leaves fell to the **ground**. 나뭇잎들이 땅에 떨어졌다.

주제 곡물재배

016 grain [grein]
명 1 곡물; (곡식의) 낟알 2 (모래·소금 따위의) 알갱이
Wheat is a popular **grain** in America. 밀은 미국에서 인기있는 곡물이다.
a **grain** of salt/sugar 소금/설탕 알갱이

017 rice [rais]
명 밥, 쌀
In Asia, most people eat **rice** every day.
아시아에서는 대부분의 사람들이 매일 쌀을 먹는다.

018 corn [kɔːrn]
명 옥수수
The United States produces the most **corn**.
미국이 가장 많은 옥수수를 생산한다.

019 flour [fláuər]
명 밀가루
You need **flour**, sugar, and butter to make the cookies.
쿠키를 만들려면 밀가루, 설탕, 버터가 필요하다.

020 before long
오래지[머지] 않아, 얼마 후
Before long, the corn grew two meters tall.
얼마 후, 그 옥수수는 2미터 높이로 자랐다.

Word Link   Commonly Confused Words

borrow to take something and promise to return it
lend to let someone use something that is yours

- Read and circle the correct word.

  1 I (borrowed / lent) my umbrella to my friend.

  2 May I (borrow / lend) your book for a few days?

Answers 1 lent 2 borrow

DAILY TEST

정답 p.148

[01~08] 다음 우리말과 같은 뜻이 되도록 빈칸에 알맞은 단어를 쓰세요.

01 너의 책을 빌리다 　　＿＿＿＿＿＿＿ your book

02 땅에 떨어지다 　　fall to the ＿＿＿＿＿＿＿

03 약간의 돈을 빌려주다 　　＿＿＿＿＿＿＿ some money

04 금을 찾아 땅을 파다 　　＿＿＿＿＿＿＿ for gold

05 오랜 전통이 있다 　　have a long ＿＿＿＿＿＿＿

06 우산을 펴다 　　open ＿＿＿＿＿＿＿

07 그녀의 충고를 따르다 　　＿＿＿＿＿＿＿ her advice

08 거대한 구덩이 　　a huge ＿＿＿＿＿＿＿

[09~12] 다음 밑줄 친 부분의 품사를 고르고, 그 뜻을 쓰세요.

09 She talks <u>like</u> her mother.　　(동 / 전)　뜻: ＿＿＿＿＿＿＿

10 The lake is very <u>deep</u>.　　(형 / 부)　뜻: ＿＿＿＿＿＿＿

11 You are an <u>adult</u> when you turn 20.　　(명 / 형)　뜻: ＿＿＿＿＿＿＿

12 Think before you <u>act</u>.　　(명 / 동)　뜻: ＿＿＿＿＿＿＿

곡물재배

[13~17] 다음 빈칸에 알맞은 말을 넣어 단어맵을 완성하세요.

13 ＿＿＿＿＿＿＿ 옥수수

14 ＿＿＿＿＿＿＿ 밀가루

15 ＿＿＿＿＿＿＿ 곡물; (곡식의) 낟알

16 ＿＿＿＿＿＿＿ 밥, 쌀

17 ＿＿＿＿＿＿＿ 오래지[머지] 않아, 얼마 후

DAY 02

>> **fail a mathematics examination** 수학 시험에서 낙제하다

021 fail
[feil]

통 1 실패하다 2 (시험에) 떨어지다 반 pass

I **failed** to answer the question. 나는 그 문제의 해답을 찾는 데 실패했다.
fail your driver's test 운전면허 시험에 떨어지다
failure 명 실패

022 mathematics
[mæθəmǽtiks]

명 수학 동 math

Mathematics is my favorite subject. 수학은 내가 가장 좋아하는 과목이다.

023 examination
[igzæmənéiʃən]

명 1 시험 동 exam 유 test 2 검사 동 exam 유 test

All students have to take the **examination**.
모든 학생들이 그 시험을 쳐야 한다.

careful **examination** 면밀한 검사

>> **pose for a group photograph** 단체 사진을 찍기 위해 포즈를 취하다

024 pose
[pouz]

동 포즈를 취하다 명 자세, 포즈

He **posed** in front of the camera. 그는 카메라 앞에서 포즈를 취했다.
try a different **pose** 다른 자세를 해 보다

025 group
[gru:p]

명 무리[집단/그룹]

I saw a **group** of children at the park.
나는 공원에서 한 무리의 아이들을 봤다.

026 photograph
[fóutəgræf]

명 사진 동 photo 유 picture 동 ~의 사진을 찍다

a color/black-and-white **photograph** 컬러/흑백 사진
photographer 명 사진작가, 사진사

027 photographer
[fətágrəfər]

명 사진작가, 사진사

He is a fashion **photographer**.
그는 패션 사진작가이다.

photograph 명 사진 동 ~의 사진을 찍다

Word Link
photograph에 '-er(~하는 사람)'을 붙이면, '사진 찍는 사람'이라는 뜻의 photographer가 돼요.

dust/a balloon floats in the air 먼지가/풍선이 공중에 떠다니다

028 dust [dʌst]
명 먼지
There is a lot of **dust** on the floor. 바닥에 먼지가 많다.

029 balloon [bəlúːn]
명 풍선
He's blowing up a **balloon**.
그는 풍선을 불고 있다.

030 float [flout]
동 1 (물에) 뜨다 ↔ sink 2 (공중에) 떠다니다
Wood **floats** on water. 나무는 물에 뜬다.
Clouds **float** in the sky. 하늘에 구름이 떠 있다.

031 air [ɛər]
명 1 공기, 대기 2 공중
Let's go and get some fresh **air**. 나가서 상쾌한 공기를 좀 쐬자.
throw a ball up in the **air** 공을 공중으로 던지다

collect coins/albums as a hobby 취미로 동전을/음반을 수집하다

032 collect [kəlékt]
동 모으다, 수집하다
He enjoys **collecting** baseball cards.
그는 야구 카드 모으는 것을 즐긴다.
collection 명 수집품, 소장품

033 coin [kɔin]
명 동전
I have a dollar in **coins**. 나는 동전으로 1달러를 가지고 있다.

034 album [ǽlbəm]
명 1 사진첩[앨범] 2 (음악) 앨범
I filled the photo **album** with pictures of my dog.
나는 그 사진첩을 내 강아지의 사진들로 채웠다.
the singer's new **album** 그 가수의 새 앨범

035 hobby [hábi]
명 취미
What are your **hobbies**? 당신의 취미는 무엇인가요?

주제 ▶ 자연과 환경

036 shadow [ʃǽdou]
명 그림자
You can see your own **shadow** on sunny days.
햇볕이 내리쬐는 날에 너는 네 그림자를 볼 수 있다.

037 sand [sænd]
명 1 모래 2 모래사장
I have **sand** in my shoe. 내 신발에 모래가 들어갔다.
play in the **sand** 모래사장에서 놀다

038 soil [sɔil]
명 토양, 흙
These plants grow well in dry **soil**. 이 식물들은 건조한 토양에서 잘 자란다.

039 clay [klei]
명 점토, 찰흙
Red **clay** is good for your skin. 붉은 점토는 피부에 좋다.

040 all over the place
사방에, 모든 곳에
There is trash **all over the place**. Can you help me clean it?
사방에 쓰레기가 있어. 치우는 것 좀 도와줄 수 있니?

Word Link — Nouns with the *-er* Ending

 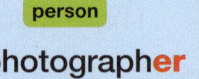 

action: photograph → person: photograph**er**

- Change the verbs into job titles.

1 teach ⟶ _____

2 sing ⟶ _____

Answers 1 teacher 2 singer

DAILY TEST

정답 p.148

[01~09] 다음 우리말과 같은 뜻이 되도록 빈칸에 알맞은 단어를 쓰세요.

01 다른 자세를 해 보다 try a different _____
02 한 무리의 아이들 a _____ of children
03 많은 먼지 a lot of _____
04 풍선을 불다 blow up a _____
05 운전면허 시험에 떨어지다 _____ your driver's test
06 사진첩 a photo _____
07 너의 취미들 your _____
08 야구 카드를 모으다 _____ baseball cards
09 공중에(서) in the _____

[10~12] 다음 밑줄 친 부분과 바꿔 쓸 수 있는 알맞은 표현을 골라 연결하세요.

10 All students have to take the examination. •   • ⓐ math
11 Mathematics is my favorite subject. •   • ⓑ picture
12 a black-and-white photograph •   • ⓒ test

> 자연과 환경

[13~17] 다음 빈칸에 알맞은 말을 넣어 단어맵을 완성하세요.

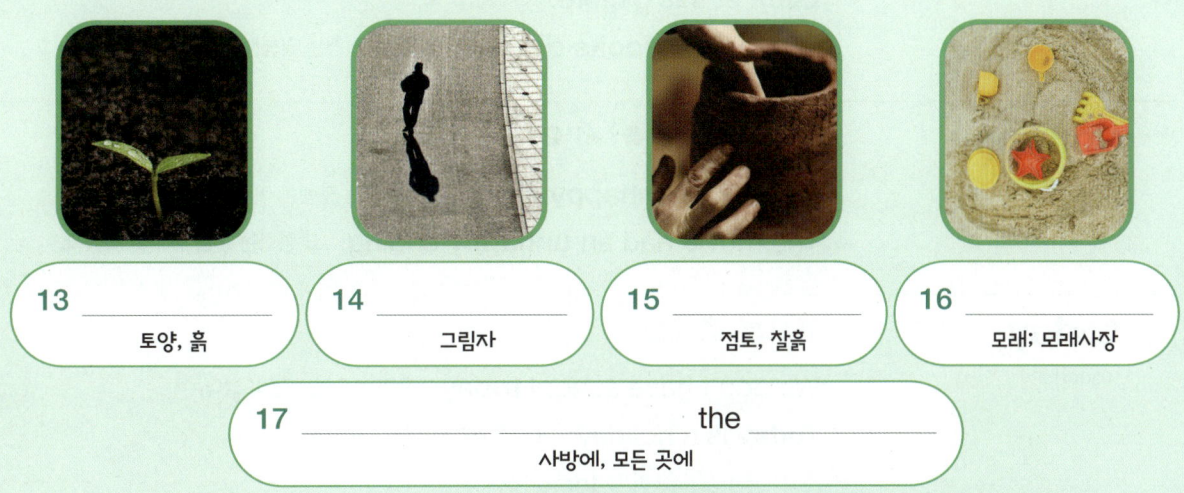

13 _____ 토양, 흙
14 _____ 그림자
15 _____ 점토, 찰흙
16 _____ 모래; 모래사장
17 _____ _____ the _____ 사방에, 모든 곳에

DAY 02

DAY 03

>> **visit a traditional market** 전통 시장을 방문하다

041 **visit**
[vízit]

동 방문하다 명 방문

I **visit** my aunt every year. 나는 매년 이모네를 방문한다.
Our **visit** to the zoo was fun. 우리의 동물원 방문은 재미있었다.
visitor 명 방문객, 손님

042 **traditional**
[trədíʃənl]

형 전통의; 전통적인

The hanbok is a Korean **traditional** dress. 한복은 한국의 전통 의상이다.
a **traditional** way of life 전통적인 삶의 방식
tradition 명 전통

043 **market**
[má:rkit]

명 시장

I shop for fruit at a street **market**. 나는 길거리 시장에서 과일을 산다.

>> **why you look unhappy today** 오늘 너는 왜 슬퍼 보이는가

044 **why**
[wai]

부 |의문문| 왜, 어째서

Why were you late this morning? 오늘 아침에 왜 늦었나요?

045 **look**
[luk]

동 1 보다 ((at)) 2 (~하게) 보이다

Look at this picture. 이 그림을 봐.
The big dog **looks** dangerous. 저 큰 개는 위험해 보인다.

046 **unhappy**
[ʌnhǽpi]

형 불행한, 슬픈 유 sad 반 happy

He had an **unhappy** childhood. 그는 불행한 어린시절을 보냈다.
The movie had an **unhappy** ending. 그 영화는 슬픈 결말을 맺었다.

047 **today**
[tədéi]

부 오늘 명 오늘

We don't have school **today**. 우리는 오늘 수업이 없다.
Today is a holiday. 오늘은 공휴일이다.
참고 **yesterday** 어제 **tomorrow** 내일

ladies and gentlemen, welcome to Buckingham Palace
신사 숙녀 여러분, 버킹엄 궁전에 오신 것을 환영합니다

048 lady [léidi]
명 여성, 숙녀(특히 woman을 정중하게 가리키는 말) ⊕ woman
The boy helped an old **lady** cross the street.
그 소년은 노부인이 길 건너는 것을 도와주었다.

049 gentleman [dʒéntlmən]
명 신사, 양반
Try to act like a **gentleman**.
신사처럼 행동하도록 노력해라.

050 welcome [wélkəm]
동 맞이하다, 환영하다 ⊕ greet
Let's **welcome** our new neighbors. 우리의 새 이웃을 맞이하자.

051 palace [pǽlis]
명 궁전
Two guards stood at the gates of the **palace**.
두 명의 경호원이 궁전의 정문에 서 있었다.

052 royal [rɔ́iəl]
형 국왕의, 왕실의
She married into the **royal** family.
그녀는 왕가로 시집갔다.

Word Link
왕들이 사는 궁전, 즉 '궁궐'을 영어로 royal palace라고 해요.

reach the top shelf 맨 위의 선반에 손이 닿다

053 reach [riːtʃ]
동 1 도착하다 ⊕ arrive at 2 (손·팔 등이) 닿다
What time will we **reach** London? 우리는 런던에 몇 시에 도착하죠?
I can't **reach** that far! 거기까지 내 손이 닿지 않아!

054 top [tap]
명 맨 위, 꼭대기 ⊕ bottom   형 맨 위의 ⊕ bottom
We climbed to the **top** of the mountain. 우리는 산 정상에 올랐다.
live on the **top** floor 맨 위층에 살다

055 shelf [ʃelf]
명 (복수형 shelves) 선반; (책장의) 칸
He put the cups on the **shelf**. 그는 선반 위에 그 컵들을 올려 두었다.
the top **shelf** of a bookcase 책장의 맨 위 칸

주제 규칙과 규범

056 allow [əláu]
동 허락하다
Mom didn't **allow** me to watch TV.
엄마는 내가 TV 보는 것을 허락하지 않았다.

057 excuse [ikskjúːz]
동 용서하다, 봐주다 명 [ikskjúːs] 변명
Please **excuse** me for being late. 제가 지각한 것을 용서해 주세요.
make an **excuse** 변명을 하다

058 hit [hit]
동 (hit-hit) 때리다, 치다
You shouldn't **hit** your sister. 네 여동생을 때려서는 안 된다.
hit the drum with a stick 스틱으로 드럼을 치다

059 fair [fɛər]
형 공정한, 공평한 반 unfair
Why can he go, but I can't? It's not **fair**!
왜 그는 갈 수 있지만 나는 갈 수 없어? 이건 불공평해!

060 right away
곧바로, 즉시
You should go home **right away**. 너는 즉시 집으로 가야 한다.

Word Link — Expressions Containing "royal"

royal palace

royal couple

royal family

- Read and complete the sentences.

  1 The _____ family live in the royal _____.

  2 The royal _____ have two children.

Answers 1 royal, palace 2 couple

DAILY TEST

정답 p.148

[01~10] 영어는 우리말로, 우리말은 영어로 쓰세요.

01 allow _____
02 traditional _____
03 market _____
04 lady _____
05 royal _____

06 궁전 _____
07 선반; (책장의) 칸 _____
08 오늘 _____
09 신사, 양반 _____
10 맞이하다, 환영하다 _____

[11~16] 다음 빈칸에 알맞은 말을 골라 쓰세요.

> reach   why   top   look   unhappy   visit

11 We climbed to the _____ of the mountain.
12 What time will we _____ London?
13 The movie had an _____ ending.
14 _____ at this picture.
15 Our _____ to the zoo was fun.
16 _____ were you late this morning?

규칙과 규범

[17~21] 다음 빈칸에 알맞은 말을 넣어 단어맵을 완성하세요.

17 _____ 때리다, 치다
18 _____ 공정한, 공평한
19 _____ 허락하다
20 _____ 용서하다, 봐주다; 변명
21 _____ 곧바로, 즉시

DAY 03 • 019

DAY 04

>> do a **science project** with **classmates** 반 친구들과 과학 과제를 하다

061 science
[sáiəns]

명 과학

What did you do in **science** class today?
너는 오늘 과학 시간에 무엇을 했니?

scientist 명 과학자

062 project
[prάdʒekt]

명 1 (대규모의) 계획, 프로젝트 2 연구 과제, 학습 과제

a **project** to build a new gym 새 체육관 건립 계획[프로젝트]
a history **project** 역사 과목 과제

063 classmate
[klǽsmèit]

명 급우, 반 친구

We were **classmates** in middle school. 우리는 중학교에서 반 친구였다.

>> **invite** people/neighbors to **dinner** 사람들을/이웃들을 저녁 식사에 초대하다

064 invite
[inváit]

동 초대[초청]하다

She **invited** me to her house. 그녀는 나를 그녀의 집으로 초대했다.

invitation 명 초대; 초대장

065 people
[píːpl]

명 1 사람들 2 (the ~) 국민

How many **people** were at the meeting?
그 모임에는 얼마나 많은 사람들이 있었나요?

the French **people** 프랑스 국민

066 neighbor
[néibər]

명 이웃(사람)

New **neighbors** moved into the house across the street.
새 이웃들이 길 건너에 있는 집으로 이사 왔다.

참고 **neighborhood** 근처, 인근, 이웃(동네)

067 dinner
[dínər]

명 저녁 (식사)

What time do you usually have **dinner**? 너는 보통 몇 시에 저녁을 먹어?

참고 **breakfast** 아침 (식사) **lunch** 점심 (식사)

020

» drop things on the floor by mistake 실수로 바닥에 물건을 떨어뜨리다

068 drop [drap]
동 떨어지다; 떨어뜨리다 명 방울
The coins **dropped** out of his pocket. 그의 주머니에서 동전들이 떨어졌다.
a **drop** of water 물 한 방울

069 thing [θiŋ]
명 1 것, 물건 2 일
What's that red **thing**? 저 빨간색 물건은 무엇인가요?
I have many **things** to do today. 나는 오늘 할 일이 많다.

070 on [ɑːn]
전 1 |장소| ~ 위에 2 |요일·날짜| ~에
There is a book **on** the desk. 책상 위에 한 권의 책이 있다.
on Wednesday 수요일에

071 floor [flɔːr]
명 1 (실내의) 바닥 2 (건물의) 층
He is cleaning the kitchen **floor**. 그는 부엌 바닥을 청소하고 있다.
live on the fifth **floor** 5층에 살다

072 mistake [mistéik]
명 실수, 잘못 유 error
We all make **mistakes** in life. 우리 모두 살면서 실수들을 한다.
Plus+ · make a mistake 실수를 하다

» agree with your opinion 너의 의견에 동의하다

073 agree [əgríː]
동 동의하다, 의견이 일치하다 반 disagree
I **agree** with my friends about most things.
나는 대부분의 것들에 대해 나의 친구들과 의견이 일치한다.

074 disagree [dìsəgríː]
동 동의하지 않다, 의견이 다르다 반 agree
We **disagree** about a few things.
우리는 몇 가지 사항에 대해 의견이 다르다.

> **Word Link**
> 'agree(동의하다)' 앞에 'dis-(반대, 부정의 의미)'를 붙이면, 반의어인 'disagree(동의하지 않다)'가 돼요.

075 opinion [əpínjən]
명 의견, 생각 유 view
What is your **opinion** of the movie? 그 영화에 대해 어떻게 생각해요?
in my **opinion** 내 생각에는

주제: 동작과 움직임

076 kick [kik]
- 동 차다, 걷어차다
- He **kicked** the ball. 그는 공을 찼다.

077 slowly [slóuli]
- 부 느리게, 천천히 반 quickly, fast
- Turtles move **slowly**. 거북들은 천천히 움직인다.
- **slow** 형 느린, 더딘

078 punch [pʌntʃ]
- 동 주먹으로 치다[때리다]
- She **punched** the wall. 그녀는 주먹으로 벽을 쳤다.
- **punch** a man in the nose 주먹으로 남자의 코를 때리다

079 push [puʃ]
- 동 밀다 반 pull
- **Push** the door; don't pull it. 문을 밀어, 잡아당기지 말고.

080 look around
- (주위를) 둘러보다, 구경하다
- I **looked around** but saw nothing.
  나는 주변을 둘러보았지만 아무것도 보이지 않았다.

Word Link — The Word Part *dis-*

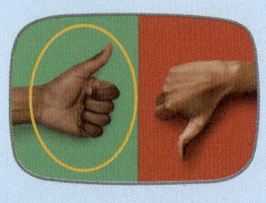 agree ⇄ **dis**agree

- Read and complete the sentences.

1 We _____ about many things, but we are still good friends.

2 If we all _____, let's finish the meeting.

Answers 1 disagree 2 agree

DAILY TEST

정답 p.148

[01~05] 다음 단어들을 연결하여 어구를 완성하고 그 뜻을 쓰세요.

01 a history   •   • ⓐ with my friends   뜻: _____
02 a drop of   •   • ⓑ people   뜻: _____
03 agree   •   • ⓒ project   뜻: _____
04 how many   •   • ⓓ floor   뜻: _____
05 on the fifth   •   • ⓔ water   뜻: _____

[06~09] 다음 우리말과 같은 뜻이 되도록 빈칸에 알맞은 단어를 쓰세요.

06 New _____ moved into the house across the street.
    (새 이웃들이 길 건너에 있는 집으로 이사 왔다.)

07 We all make _____ in life.
    (우리 모두 살면서 실수들을 한다.)

08 I have many _____ to do today.
    (나는 오늘 할 일이 많다.)

09 We were _____ in middle school.
    (우리는 중학교에서 반 친구였다.)

동작과 움직임

[10~14] 다음 빈칸에 알맞은 말을 넣어 단어맵을 완성하세요.

10 _____ 느리게, 천천히
11 _____ 밀다
12 _____ 주먹으로 치다[때리다]
13 _____ 차다, 걷어차다
14 _____ _____ (주위를) 둘러보다, 구경하다

DAY 04

DAY 05

>> **read** a **comic** book/a **magazine** 만화책을/잡지를 읽다

081 read [riːd]
동 (read[red]-read[red]) 읽다
My little brother is learning to **read**. 내 남동생은 읽기를 배우는 중이다.

082 comic [kámik]
형 코미디의, 희극의 명 (-s) 만화책
Comic actors make us laugh. 코미디 배우들은 우리를 웃게 해준다.
Children like **comics**. 아이들은 만화책을 좋아한다.

083 magazine [mǽgəzìːn]
명 잡지
I buy a sports **magazine** every week. 나는 매주 스포츠 잡지를 산다.

>> **feel** the **earth shake** 땅이 흔들리는 것을 느끼다

084 feel [fiːl]
동 (felt-felt) 1 (촉감으로) 느끼다 2 (기분·감정 등이) 들다
He **felt** the heat on his back. 그는 등에서 열기를 느꼈다.
I **feel** good. 나는 좋은 기분이 든다[기분이 좋다].
참고 **feel** + 목적어 + 동사원형: ~(목적어)가 …하는 것을 느끼다

085 earth [əːrθ]
명 1 (또는 Earth) 지구 2 땅, 지면 유 ground
The **earth** goes around the sun. 지구는 태양 주위를 돈다.
The kite fell to the **earth**. 연이 땅에 떨어졌다.

086 planet [plǽnit]
명 행성
Is there life on other **planets**?
다른 행성에 생명체가 있나요?

Word Link
지구는 '태양계(solar system)'에 속하는 행성 중 하나로, '지구 행성'을 the planet Earth라고 표현해요.

087 shake [ʃeik]
동 (shook-shaken) 1 흔들리다; 흔들다 2 (몸이) 떨리다
The house started to **shake**. 집이 흔들리기 시작했다.
Shake the bottle before you open it. 병을 열기 전에 흔들어라.
shake with cold 추워서 몸이 떨리다

›› scared to be alone in an empty apartment 텅 빈 아파트에 혼자 있기 무서워하는

088 scared [skɛərd]
형 무서워하는, 겁먹은 ⊕ afraid
The child is **scared** of the large dog. 그 아이는 큰 개를 무서워한다.
a **scared** child 겁먹은 아이
Plus+ · be scared of ~을 무서워하다

089 alone [əlóun]
형 1 혼자인 2 외로운 ⊕ lonely 부 혼자(서)
He doesn't want to be **alone**. 그는 혼자 있는 것을 원하지 않는다.
I felt so **alone**. 나는 너무 외로웠다.
go out **alone** at night 밤에 혼자 나가다

090 empty [émpti]
형 비어 있는, 빈 ⊕ full
The fridge is almost **empty**. 냉장고가 거의 비어 있다.
an **empty** room 빈 방

091 apartment [əpá:rtmənt]
명 아파트
She lives in a small **apartment**. 그녀는 작은 아파트에 산다.

›› go out through the left exit 왼쪽 출구를 통해 나가다

092 out [aut]
부 밖에, 밖으로
We went **out** to eat. 우리는 밥 먹으러 밖으로 나갔다[우리는 외식했다].

093 through [θru:]
전 |관통·통과| ~을 통해, ~을 지나서
A bee flew in **through** the window.
벌 한 마리가 창문을 통해 날아 들어왔다.
go **through** a gate 정문을 지나가다

094 left [left]
형 왼쪽의 ⊕ right 명 왼쪽 ⊕ right
I write with my **left** hand. 나는 왼손으로 글을 쓴다.
to the **left** 왼쪽으로

095 exit [éksit]
명 출구 ⊕ entrance
Where is the **exit**? 출구가 어디예요?

| 주제 | 개인과 사회 |

096 **believe** [bilíːv]
동 믿다
Did the police **believe** his story? 경찰이 그의 말을 믿었나요?
belief 명 믿음

097 **other** [ʌ́ðər]
형 1 (그 밖의) 다른 2 (둘 중) 다른 하나의 대 다른 것[사람]
I have **other** things to do now. 나는 지금 다른 할 일들이 있다.
Her **other** son is a chef. 그녀의 (두 아들 중) 다른 아들은 요리사다.
참고 **others** 다른 사람들

098 **share** [ʃɛər]
동 1 함께 쓰다, 공유하다 2 나누다
I **share** a room with my sister. 나는 여동생과 방을 함께 쓴다.
share the money 그 돈을 나누다

099 **lucky** [lʌ́ki]
형 운이 좋은; 행운의 반 **unlucky**
I feel **lucky** to be alive. 나는 살아있는 게 행운인 것 같다.
my **lucky** number 내 행운의 숫자
luck 명 운; 행운

100 **each other**
서로
We should help **each other**. 우리는 서로를 도와야 한다.

Word Link — Planets in Order

- Read and circle the correct word.

  1 (Earth / Mars) is smaller than (Earth / Mars).

  2 The solar system has eight (planets / earths).

Answers 1 Mars, Earth 2 planets

DAILY TEST

정답 p.148

[01~12] 영어는 우리말로, 우리말은 영어로 쓰세요.

01 shake _____
02 scared _____
03 alone _____
04 feel _____
05 comic _____
06 out _____
07 지구; 땅, 지면 _____
08 아파트 _____
09 잡지 _____
10 ~을 통해, ~을 지나서 _____
11 행성 _____
12 읽다 _____

[13~16] 다음 밑줄 친 부분의 반의어를 골라 연결하세요.

13 I feel lucky to be alive.   •   • ⓐ unlucky
14 Where is the exit?   •   • ⓑ right
15 I write with my left hand.   •   • ⓒ full
16 The fridge is almost empty.   •   • ⓓ entrance

개인과 사회

[17~21] 다음 빈칸에 알맞은 말을 넣어 단어맵을 완성하세요.

17 _____ 함께 쓰다, 공유하다
18 _____ 믿다
19 _____ 운이 좋은
20 _____ 다른 것[사람]
21 _____ 서로

DAY 05 • 027

REVIEW TEST   DAY 01~05

A 덩어리 표현   우리말에 맞게 빈칸을 채워 핵심 표현을 완성하세요.

01 _____ an _____ tradition   오래된 전통을 따르다

02 _____ an _____   우산을 빌리다

03 _____ like an _____   어른처럼 행동하다

04 _____ a _____ hole in the ground   땅에 깊은 구덩이를 파다

05 _____ a _____ examination   수학 시험에서 낙제하다

06 _____ for a _____ photograph   단체 사진을 찍기 위해 포즈를 취하다

07 _____ _____ in the air   먼지가 공중에 떠다니다

08 _____ coins as a _____   취미로 동전을 수집하다

09 _____ a _____ market   전통 시장을 방문하다

10 _____ you look _____ today   오늘 너는 왜 슬퍼[불행해] 보이는가

11 ladies and gentlemen, _____ to Buckingham _____
    신사 숙녀 여러분, 버킹엄 궁전에 오신 것을 환영합니다

12 reach the _____ _____   맨 위의 선반에 손이 닿다

13 do a _____ _____ with classmates   반 친구들과 과학 과제를 하다

14 _____ _____ to dinner   이웃들을 저녁 식사에 초대하다

15 _____ things on the _____ by mistake   실수로 바닥에 물건을 떨어뜨리다

16 _____ with your _____   너의 의견에 동의하다

17 _____ a _____ book   만화책을 읽다

18 _____ the _____ shake   땅이 흔들리는 것을 느끼다

19 scared to be _____ in an _____ apartment
    텅 빈 아파트에 혼자 있기 무서워하는

20 go out through the _____ _____   왼쪽 출구를 통해 나가다

B 주제별 어휘 — 우리말에 맞게 빈칸을 채워 문장을 완성하세요.

곡물재배
01 Wheat is a popular _____ in America.
밀은 미국에서 인기있는 곡물이다.

02 You need _____, sugar, and butter to make the cookies.
쿠키를 만들려면 밀가루, 설탕, 버터가 필요하다.

자연과 환경
03 I have _____ in my shoe.
내 신발에 모래가 들어갔다.

04 These plants grow well in dry _____.
이 식물들은 건조한 토양에서 잘 자란다.

규칙과 규범
05 Mom didn't _____ me to watch TV.
엄마는 내가 TV 보는 것을 허락하지 않았다.

06 You shouldn't _____ your sister.
네 여동생을 때려서는 안 된다.

동작과 움직임
07 Turtles move _____.
거북들은 천천히 움직인다.

08 _____ the door; don't pull it.
문을 밀어, 잡아당기지 말고.

개인과 사회
09 I have _____ things to do now.
나는 지금 다른 할 일들이 있다.

10 I _____ a room with my sister.
나는 여동생과 방을 함께 쓴다.

C Word Link — 다음 문맥에 알맞은 표현을 고르세요.

01 The royal (palace / couple) have two children.

02 He is a fashion (photograph / photographer).

03 If we all (agree / disagree), let's finish the meeting.

04 The solar system has eight (planets / earths).

05 May I (borrow / lend) your book for a few days?

DAY 06

>> have no **chance** of **victory** 승산이 없다

101 chance [tʃæns]
명 1 (일어날) 가능성 2 기회
The **chance** of rain for tonight is 50%.
오늘 밤 비가 올 가능성[확률]은 50%이다.
get a **chance** 기회를 얻다

102 good [gud]
형 1 좋은, 훌륭한 ⟷ bad 2 즐거운, 기쁜
That was a **good** movie.
그것은 좋은 영화였다.
Did you have a **good** time in Paris? 당신은 파리에서 즐거운 시간 보냈나요?

Word Link
'~할 가능성이 크다'고 할 때는 영어로 have a good chance of라고 표현해요.

103 victory [víktəri]
명 승리
The game ended in our **victory**. 그 경기는 우리의 승리로 끝났다.

>> **die** in a **fire**/an **airplane crash** 화재로/비행기 추락 사고로 죽다

104 die [dai]
동 죽다 ⟷ live
My dog **died** last week. 내 강아지는 지난주에 죽었다.
dead 형 죽은 **death** 명 죽음, 사망

105 fire [faiər]
명 1 불 2 화재
"It's cold." "I'll make a **fire**." "날이 추워." "내가 불을 피울게."
The **fire** alarm rang. 화재경보기가 울렸다.

106 airplane [ɛ́ərplèin]
명 비행기 동 plane
We travel a lot by **airplane**. 우리는 비행기로 여행을 많이 한다.

107 crash [kræʃ]
동 충돌하다, 추락하다 명 충돌, 추락
A truck **crashed** into our train. 트럭이 우리가 탄 열차와 충돌했다.
The plane **crashed** into a mountain. 비행기가 산에 추락했다.
a car **crash** 자동차 충돌 사고

≫ receive health advice from a doctor 의사에게 건강 조언을 받다

108 receive [risíːv]
동 받다
I **received** a letter from him yesterday. 어제 나는 그에게서 편지 한 통을 받았다.

109 health [helθ]
명 건강
Vegetables are good for your **health**. 채소는 당신의 건강에 좋다.
healthy 형 건강한, 건강에 좋은

110 advice [ædváis]
명 충고, 조언
Can I give you a piece of **advice**? 내가 너에게 충고 하나 해도 될까?
Plus+ · a piece of advice 충고 하나[한마디]
advise 동 조언하다, 충고하다

111 from [frəm]
전 1 |장소| ~에서(부터) 2 |시각| ~부터
The school is far **from** here. 학교는 여기에서 멀다.
We work **from** 9 a.m. to 6 p.m. 우리는 아침 9시부터 저녁 6시까지 일한다.

112 doctor [dáktər]
명 의사
The **doctor** told me to stay in bed. 의사는 내게 침대에 머무르라고 말했다.

≫ protect children from danger 위험에서 아이들을 보호하다

113 protect [prətékt]
동 보호하다, 지키다
We should **protect** wild animals. 우리는 야생 동물을 보호해야 한다.
protect a country 나라를 지키다
protection 명 보호

114 child [tʃaild]
명 (복수형 children) 1 아이, 어린이 ⊕ kid 2 자식[자녀]
Milk is good for **children**. 우유는 아이들에게 좋다.
Alex is an only **child**. 알렉스는 유일한 자식이다[외동이다].

115 danger [déindʒər]
명 위험(성)
Is there any **danger** of fire? 화재의 위험이 있나요?
dangerous 형 위험한

주제: 환경 보호

116 less [les]
- 부 더 적게, 덜하게 (반 more) 형 더 적은 (반 more)
- Drive **less** and walk more. 운전을 덜 하고, 더 많이 걸어라.
- use **less** water 더 적은 물을 쓰다[물을 덜 쓰다]

117 waste [weist]
- 동 낭비하다 명 낭비
- Don't **waste** so much paper! 너무 많은 종이를 낭비하지 마라!
- a **waste** of energy 에너지 낭비

118 power [páuər]
- 명 1 힘, 능력 2 동력, 에너지
- We have the **power** to save the earth. 우리에겐 지구를 구할 힘이 있다.
- wind **power** 풍력 에너지
- **powerful** 형 영향력 있는; 강력한

119 ocean [óuʃən]
- 명 (the ~) 1 바다 (유 sea) 2 대양
- Whales live in the **ocean**. 고래는 바다에서 산다.
- the Indian **Ocean** 인도양

120 take away
- 치우다
- Will you **take** those empty bottles **away**? 네가 저 빈 병들을 치워줄래?

Word Link — Expressions Containing "good"

a **good** chance

a **good** time

a **good** movie

- Read and complete the sentences.

  1 Did you have a good _____ at the party?

  2 There is a good _____ of winning this game.

Answers 1 time 2 chance

DAILY TEST

정답 p.149

[01~06] 다음 주어진 철자의 순서를 바로잡은 후 알맞은 의미와 연결하세요.

01 dgoo   → _____   •   • ⓐ 불; 화재
02 tdroco → _____   •   • ⓑ 좋은, 훌륭한; 즐거운, 기쁜
03 eid   → _____   •   • ⓒ 죽다
04 irfe   → _____   •   • ⓓ 아이, 어린이; 자식[자녀]
05 mfor   → _____   •   • ⓔ ~에서(부터); ~부터
06 lchdi   → _____   •   • ⓕ 의사

[07~12] 다음 밑줄 친 단어를 문맥에 맞게 고쳐 쓰세요.

07 We have the powerful to save the earth.   → _____
08 Can I give you a piece of advise?   → _____
09 Is there any dangerous of fire?   → _____
10 My dog death last week.   → _____
11 Vegetables are good for your healthy.   → _____
12 We should protection wild animals.   → _____

환경 보호

[13~17] 다음 빈칸에 알맞은 말을 넣어 단어맵을 완성하세요.

13 _____ 동력, 에너지
14 _____ 바다; 대양
15 _____ 더 적게, 덜하게; 더 적은
16 _____ 낭비하다; 낭비
17 _____ 치우다

DAY 06 • 033

DAY 07

>> **take a quick nap at lunchtime** 점심시간에 짧은 낮잠을 자다

121 quick
[kwik]
형 빠른, 신속한 반 slow
She took a **quick** shower. 그녀는 재빨리 샤워를 했다.
quickly 부 빨리[빠르게]

122 nap
[næp]
명 잠깐의 잠, 낮잠
I just woke up from a **nap**. 나는 방금 낮잠에서 깼다.
take a **nap** 낮잠을 자다

123 lunchtime
[lʌ́ntʃtàim]
명 점심시간
They play soccer during **lunchtime**. 그들은 점심시간 동안 축구를 한다.

>> **the news/rumor spreads quickly** 소식이/소문이 빠르게 퍼지다

124 news
[njuːz]
명 1 소식 2 (신문·방송 등의) 뉴스
I have some good **news** for you. 너에게 몇 가지 좋은 소식이 있다.
TV **news** reports TV 뉴스 보도

125 rumor
[rúːmər]
명 소문
Did you hear the **rumor**? 그 소문 들었어요?
a **rumor** goes around 소문이 돌다

126 spread
[spred]
동 (spread-spread) 1 펴다 2 퍼지다; 퍼뜨리다
He **spread** the map on the table. 그는 탁자 위에 지도를 폈다.
a disease **spreads** 질병이 퍼지다
spread lies about them 그들에 대한 거짓말을 퍼뜨리다

127 quickly
[kwíkli]
부 빨리[빠르게] 반 slowly
Don't eat too **quickly**. 너무 빨리 먹지 마라.
quick 형 빠른, 신속한

›› invent a special machine 특별한 기계를 발명하다

128 invent
[invént]

동 발명하다

Who **invented** the television? 누가 텔레비전을 발명했나요?

inventor 명 발명가

129 inventor
[invéntər]

명 발명가

Thomas Edison was a great **inventor**.
토마스 에디슨은 위대한 발명가였다.

invent 동 발명하다

> **Word Link**
> 'invent(발명하다)'에 '-or(~하는 사람)'을 붙이면, '발명하는 사람'을 뜻하는 inventor가 돼요.

130 special
[spéʃəl]

형 특별한, 특수한

I am planning a **special** event for my parents.
나는 부모님을 위한 특별한 이벤트를 준비 중이다.

specially 부 특별히

131 machine
[məʃíːn]

명 기계

The washing **machine** is broken. 세탁기가 고장이 났다.

›› always full of energy/joy 언제나 기운이/기쁨이 충만한

132 always
[ɔ́ːlweiz]

부 항상, 언제나 유 all the time

The stars are **always** in the sky. 하늘에는 항상 별이 있다.

133 full
[ful]

형 1 가득 찬 반 empty 2 배가 부른 반 hungry

The kitchen was **full** of smoke. 부엌에 연기가 가득 찼다.
No more for me. I'm **full**. 이제 그만 줘. 배불러.

134 energy
[énərdʒi]

명 1 힘, 기운 2 에너지, 동력 자원

Swimming takes a lot of **energy**. 수영은 많은 힘을 필요로 한다.
use the **energy** of the sun 태양의 에너지를 사용하다

135 joy
[dʒɔi]

명 기쁨, 즐거움

We all danced with **joy**. 우리는 모두 기뻐서 춤을 췄다.

joyful 형 기쁨에 넘치는, 즐거운

주제 몸과 건강

136 cough [kɔːf]
동 기침하다 명 기침
I can't stop **coughing**. 나는 기침을 멈출 수가 없다.
have a little **cough** 작게 기침하다

137 fat [fæt]
형 살찐, 뚱뚱한 반 thin 명 지방
If you eat too much, you'll get **fat**. 너무 많이 먹으면 너는 살찔 것이다.
body **fat** 체지방

138 thirsty [θə́ːrsti]
형 목이 마른, 갈증이 나는
I'm hot and **thirsty**. 나는 덥고 목이 마르다.

139 thin [θin]
형 1 얇은, 가는 반 thick 2 마른, 야윈 반 fat
His hair is getting **thin**. 그의 머리카락이 얇아지고 있다.
look **thin** 야위어 보이다

140 see a doctor
병원에 가다, 진찰을 받다
You should **see a doctor** about that cough.
그 기침에 대해 너는 진찰을 받아야 해.

Word Link — Nouns with the -or Ending

action: invent → person: inventor

• Change the verbs into types of people.

1 act → _____

2 visit → _____

Answers 1 actor 2 visitor

DAILY TEST

정답 p.149

[01~09] 다음 우리말과 같은 뜻이 되도록 빈칸에 알맞은 단어를 쓰세요.

01 낮잠을 자다   take a _____
02 점심시간 동안   during _____
03 TV 뉴스 보도   TV _____ reports
04 그 소문을 듣다   hear the _____
05 세탁기   a washing _____
06 태양의 에너지   the _____ of the sun
07 연기가 가득 차다   be _____ of smoke
08 기뻐서 춤을 추다   dance with _____
09 야위어 보이다   look _____

[10~13] 다음 괄호 안에서 알맞은 말을 고르세요.

10 I am planning a (specially / special) event for my parents.
11 He (spread / spreaded) the map on the table.
12 Thomas Edison was a great (invent / inventor).
13 She took a (quickly / quick) shower.

몸과 건강
[14~18] 다음 빈칸에 알맞은 말을 넣어 단어맵을 완성하세요.

14 _____ 살찐, 뚱뚱한; 지방
15 _____ 목이 마른, 갈증이 나는
16 _____ 마른, 야윈
17 _____ 기침하다; 기침
18 _____ a _____ 병원에 가다, 진찰을 받다

DAY 07 • 037

DAY 08

>> **stand** at the **bottom** of the **stairs** 계단 맨 아래에 서있다

| 141 | **stand**
[stænd] | 동 (stood-stood) 서다 반 sit
I'm too tired to **stand**. 나는 너무 피곤해서 서 있을 수가 없다.
stand up 일어서다 |

| 142 | **bottom**
[bάtəm] | 명 맨 아래, 바닥 반 top   형 맨 아래의 반 top
The **bottoms** of your shoes are dirty. 너의 신발 바닥이 더럽다.
the **bottom** drawer 맨 아래 서랍 |

| 143 | **stair**
[stɛər] | 명 계단
The children ran up the **stairs**. 그 아이들은 계단 위로 뛰어갔다. |

>> **spend** too **much money** on **snacks** 간식에 너무 많은 돈을 쓰다

| 144 | **spend**
[spend] | 동 (spent-spent) 1 (돈을) 쓰다 2 (시간을) 보내다
He **spent** all the money. 그는 그 돈을 모두 써 버렸다.
spend time together 함께 시간을 보내다 |

| 145 | **much**
[mʌtʃ] | 형 많은   부 매우, 대단히
How **much** milk do you drink a day? 하루에 얼마나 많은 우유를 마시니?
Thank you very **much**. 대단히 고맙습니다.
참고 many(많은) + 셀 수 있는 명사의 복수형 |

| 146 | **money**
[mʌ́ni] | 명 돈
Can I borrow some **money**? 돈 좀 빌릴 수 있을까?
save **money** 돈을 모으다[저축하다] |

| 147 | **snack**
[snæk] | 명 간단한 식사, 간식
Fish cakes are a popular **snack** in Korea.
어묵은 한국에서 인기 있는 간식이다.
have a **snack** for lunch 점심으로 간식을 먹다 |

❯❯ write a poem/script 시를/대본을 쓰다

148 write [rait]
- 동 (wrote-written) 1 (글자를) 쓰다 2 (책 등을) 쓰다, 집필하다
- **Write** your name on the paper. 그 종이 위에 네 이름을 써라.
- **write** a book 책을 쓰다

149 poem [póuəm]
- 명 (한 편의) 시(詩)
- She read a **poem** aloud. 그녀는 큰 소리로 한 편의 시를 읽었다.

150 poet [póuit]
- 명 시인
- My uncle is a famous **poet**. 나의 삼촌은 유명한 시인이다.

> **Word Link** '시(poem)'를 쓰는 사람을 일컬어 '시인(poet)'이라고 해요.

151 script [skript]
- 명 대본, 각본
- The **script** and the acting are both great. 대본과 연기 둘 다 훌륭하다.

❯❯ need something to drink/eat 마실/먹을 것이 필요하다

152 need [niːd]
- 동 필요하다 명 필요(성)
- I **need** your help. 나는 너의 도움이 필요하다.
- There's no **need** to worry. 걱정할 필요 없다.
- **Plus+** · there's no need to-v ~할 필요 없다

153 something [sʌ́mθiŋ]
- 대 무엇, 어떤 것
- **Something** smells bad. 뭔가 냄새가 안 좋다.
- There's **something** wrong with my phone. 내 전화기가 뭔가 잘못되었다.

154 drink [driŋk]
- 동 (drank-drunk) 마시다 명 음료, 마실 것
- I **drink** milk every morning. 나는 매일 아침 우유를 마신다.
- coffee, tea, and other hot **drinks** 커피, 차, 그리고 다른 따뜻한 음료들

155 eat [iːt]
- 동 (ate-eaten) 먹다
- You should **eat** healthy food. 너는 건강에 좋은 음식을 먹어야 한다.

주제 쇼핑하기

156 mall [mɔːl]
명 쇼핑몰
Let's meet at the **mall** and buy some clothes.
쇼핑몰에서 만나서 옷 좀 사자.

157 pay [pei]
동 (paid-paid) (돈을) 지불하다, 내다
I will **pay** for lunch. 내가 점심값을 지불할 것이다.

158 cost [kɔːst]
명 비용, 값 ⊕ price 동 (cost-cost) (비용·값이) ~이다[들다]
The **cost** of clothing is pretty high. 옷값이 꽤 높다.
The shoes **cost** 50 dollars. 그 신발은 50달러이다.

159 total [tóutl]
명 합계, 총액 형 총, 전체의
That's $7 and $2, so the **total** is $9.
저것은 7달러와 2달러로, 총액은 9달러이다.
the **total** cost 전체 비용

160 try on
~을 입어[신어]보다
Can I **try on** this jacket? 이 자켓을 입어볼 수 있나요?

Word Link    Things and People

 poem

 poet

- Read and complete the sentences.

  1 The _____ just finished writing a new book.

  2 He wrote a _____ about friendship.

Answers 1 poet 2 poem

DAILY TEST

정답 p.149

[01~12] 영어는 우리말로, 우리말은 영어로 쓰세요.

01 stand _____
02 poet _____
03 stair _____
04 spend _____
05 write _____
06 mall _____
07 대본, 각본 _____
08 간단한 식사, 간식 _____
09 돈 _____
10 먹다 _____
11 무엇, 어떤 것 _____
12 (한 편의) 시(詩) _____

[13~17] 다음 밑줄 친 부분의 품사를 고르고 그 뜻을 쓰세요.

13 The bottoms of your shoes are dirty.   (명 / 형)   뜻: _____
14 There's no need to worry.   (명 / 동)   뜻: _____
15 coffee, tea, and other hot drinks   (명 / 동)   뜻: _____
16 Thank you very much.   (형 / 부)   뜻: _____
17 The shoes cost 50 dollars.   (명 / 동)   뜻: _____

쇼핑하기
[18~22] 다음 빈칸에 알맞은 말을 넣어 단어맵을 완성하세요.

18 _____ 쇼핑몰
19 _____ 합계, 총액; 총, 전체의
20 _____ (돈을) 지불하다, 내다
21 _____ 비용, 값
22 _____ ~을 입어[신어]보다

DAY 08

DAY 09

>> a **healthy** mind in a healthy **body** 건강한 신체에 건강한 정신

161 **healthy**
[hélθi]

형 1 건강한 ⊕ sick, ill 2 건강에 좋은

We can keep **healthy** by eating well.
우리는 음식을 잘 먹음으로써 건강을 유지할 수 있다.

Broccoli is a **healthy** food. 브로콜리는 건강에 좋은 음식이다.

health 명 건강

162 **mind**
[maind]

명 마음, 정신 동 꺼리다[싫어하다], 상관하다

I won't change my **mind**. 나는 마음을 바꾸지 않을 거야.
Do you **mind** if I open the window? 창문을 열어도 될까요?
I don't **mind** the cold. 전 추운 건 상관없어요.

163 **body**
[bádi]

명 몸, 신체

Elephants have large **bodies**. 코끼리는 몸집이 크다.
the human **body** 인간의 신체

>> **become** a famous writer/painter 유명한 작가/화가가 되다

164 **become**
[bikʌ́m]

동 (became-become) ~이 되다, ~해지다

He **became** a teacher. 그는 선생님이 되었다.
become dark 어두워지다

165 **famous**
[féiməs]

형 유명한

The actor is **famous** around the world. 그 배우는 세계적으로 유명하다.

166 **writer**
[ráitər]

명 작가

He is a travel **writer**. 그는 여행 작가이다.
write 동 (글자를) 쓰다; (책 등을) 쓰다, 집필하다

167 **painter**
[péintər]

명 화가

Is she a good **painter**? 그녀는 훌륭한 화가인가요?
paint 명 페인트 동 페인트칠하다; (그림 물감으로) 그리다

›› sometimes sleep late on the weekends 주말에 가끔 늦잠을 자다

168 sometimes [sʌ́mtàimz]
부 때때로, 가끔
I **sometimes** take the bus to school. 나는 때때로 버스를 타고 등교한다.

169 sleep [sliːp]
동 (slept-slept) 자다 명 잠, 수면
Did you **sleep** well last night? 어젯밤에 잘 잤나요?
talk in your **sleep** 수면 중에 말하다[잠꼬대하다]
sleepy 형 졸리는

170 sleepy [slíːpi]
형 졸리는
Slow music makes me **sleepy**.
느린 음악은 나를 졸리게 한다.
sleep 동 자다 명 잠, 수면

> **Word Link**
> 명사 'sleep(잠)'에 '-y(~이 가득한)'를 붙이면, '졸리는'을 뜻하는 형용사 sleepy로 바뀌어요.

171 late [leit]
형 늦은, 지각한 반 early 부 늦게 반 early
Don't be **late** for school. 학교에 지각하지 마라.
get up **late** 늦게 일어나다

172 weekend [wíːkènd]
명 주말
What are you doing this **weekend**? 이번 주말에 뭐 할 거니?
참고 **weekday** 평일

›› greet visitors with a smile 손님들을 미소로 맞이하다

173 greet [griːt]
동 맞이하다, 환영하다 유 welcome
He **greeted** us kindly. 그는 우리를 친절하게 맞이했다.

174 visitor [vízitər]
명 방문객, 손님
The art museum gets **visitors** from all over the world.
그 미술관은 전 세계의 많은 방문객들을 받는다.
visit 동 방문하다 명 방문

175 smile [smail]
동 미소 짓다, (생긋) 웃다 명 미소, 웃음
She **smiled** at me. 그녀는 나에게 미소를 지었다.
give a friendly **smile** 상냥한 미소를 짓다

DAY 09 • 043

주제: 언어 학습

176 alphabet [ǽlfəbèt]
명 알파벳
A is the first letter of the English **alphabet**.
A는 영어 알파벳의 첫 글자이다.

177 idiom [ídiəm]
명 숙어, 관용구
"Break a leg" is an **idiom**. It means "good luck."
"Break a leg"는 숙어이다. 그것은 "행운을 빈다"라는 의미이다.

178 sentence [séntəns]
명 문장
This **sentence** is too long. 이 문장은 너무 길다.

179 example [igzǽmpl]
명 예[사례/보기]
Can you give me an **example**, please? 예를 하나 들어줄 수 있겠습니까?

180 write down
~을 적다
Can you **write down** the word in English?
당신은 그 단어를 영어로 적을 수 있나요?

Word Link — Adjectives with the -y Ending

 noun **sleep** → adjective **sleepy**

- Read and circle the correct word.

  1 I need to get some (sleep / sleepy).

  2 He felt (sleep / sleepy) and went to bed.

Answers 1 sleep 2 sleepy

DAILY TEST

[01~08] 다음 우리말과 같은 뜻이 되도록 빈칸에 알맞은 단어를 쓰세요.

01 내 마음을 바꾸다   change my _____

02 어두워지다   _____ dark

03 세계적으로 유명한   _____ around the world

04 인간의 신체   the human _____

05 수면 중에 말하다[잠꼬대하다]   talk in your _____

06 늦게 일어나다   get up _____

07 상냥한 미소를 짓다   give a friendly _____

08 이번 주말   this _____

[09~13] 다음 괄호 안에서 알맞은 말을 고르세요.

09 Did you (sleep / sleepy) well last night?

10 Is she a good (paint / painter)?

11 Broccoli is a (health / healthy) food.

12 He is a travel (write / writer).

13 The art museum gets (visitors / visit) from all over the world.

언어 학습

[14~18] 다음 빈칸에 알맞은 말을 넣어 단어맵을 완성하세요.

14 _____ 문장

15 _____ 알파벳

16 _____ 숙어, 관용구

17 _____ 예[사례/보기]

18 _____ ~을 적다

DAY 10

›› a(n) exciting/great adventure 흥미진진한/멋진 모험

181 exciting [iksáitiŋ]
형 신나는, 흥미진진한
Let's do something **exciting**. 뭔가 신나는 것을 하자!
an **exciting** story 흥미진진한 이야기
excited 형 신이 난, 흥분한

182 great [greit]
형 1 큰, 거대한 2 훌륭한, 멋진 ⓤ wonderful
I saw a **great** cloud of smoke. 나는 거대한 연기 구름을 보았다.
We had a **great** time in LA. 우리는 LA에서 멋진 시간을 보냈다.

183 adventure [ædvéntʃər]
명 모험
Let's go on an **adventure**! 모험을 떠나자!
adventure stories 모험담
adventurous 형 모험심이 강한, 모험적인

›› the beef melts in your mouth 쇠고기가 입 안에서 녹다

184 beef [biːf]
명 쇠[소]고기
Is it **beef** or pork? 그건 쇠고기야, 돼지고기야?

185 meat [miːt]
명 (식용 짐승의) 고기, 육류
They do not eat **meat**.
그들은 고기를 먹지 않는다.

Word Link
meat는 쇠고기, 돼지고기 등 모든 종류의 동물 고기를 포함하는 일반적인 용어예요.

186 melt [melt]
동 녹다; 녹이다 ⓡ freeze
The ice is **melting**. 그 얼음이 녹고 있다.
Melt the butter in a pan. 팬에 버터를 녹여라.

187 mouth [mauθ]
명 입
The dentist asked him to open his **mouth**.
그 치과의사는 그에게 입을 벌리라고 했다.

›› on both sides of a wide road 넓은 길의 양쪽에

188 both [bouθ]
- 형 둘 다의, 양쪽의   대 둘 다, 양쪽
- **Both** movies are popular. 두 영화 다 인기가 있다.
- He read **both** of the books. 그는 그 두 책 모두 읽었다.

189 side [said]
- 명 1 (좌우 어느 한) 쪽[측] 2 옆(면), 측면
- The TV is on the left **side** of the window. 그 TV는 창문의 왼쪽에 있다.
- the **side** of a box 상자의 옆면

190 wide [waid]
- 형 (폭이) 넓은   반 narrow
- She has a **wide** mouth. 그녀는 입이 (옆으로) 크다.

191 road [roud]
- 명 길, 도로
- There are many cars on the **road**. 도로 위에 많은 차들이 있다.
- 참고 street 거리, 길(거리)

›› enjoy active/dangerous sports 활동적인/위험한 스포츠를 즐기다

192 enjoy [indʒɔ́i]
- 동 즐기다
- I **enjoy** playing basketball. 나는 농구 하는 것을 즐긴다.
- Plus+ · enjoy v-ing ~하는 것을 즐기다

193 active [ǽktiv]
- 형 1 활동적인 2 적극적인
- My grandmother is 80 years old, but she is still **active**.
  우리 할머니는 80세이지만, 여전히 매우 활동적이다.
- play an **active** role 적극적인 역할을 하다
- activity 명 (특정 분야의) 활동

194 dangerous [déindʒərəs]
- 형 위험한   반 safe
- Speeding is **dangerous**. 과속은 위험하다.
- danger 명 위험(성)

195 sport [spɔːrt]
- 명 스포츠, 운동
- Soccer is my favorite **sport**. 축구는 내가 가장 좋아하는 스포츠이다.

주제: 건물과 장소

196 underground [ʌ́ndərgràund]
형 지하의 부 지하에
The parking area is **underground**. 주차 구역은 지하에 있다.
live **underground** 지하에 살다

197 upstairs [ʌpstɛ́ərz]
부 위층으로[에서] 반 downstairs
She went **upstairs** and took a shower. 그녀는 위층으로 가서 샤워를 했다.

198 hall [hɔːl]
명 1 복도 유 hallway 2 홀, 강당
His office is at the end of the **hall**. 그의 사무실은 복도 끝에 있다.
a concert **hall** 콘서트홀

199 restroom [réstrùːm]
명 (공공장소의) 화장실
I need to use the **restroom**. 화장실을 좀 사용하겠습니다.
참고 bathroom 욕실, 화장실

200 get on/off
~에 타다/내리다
She **got on** the bus at the station. 나는 그 역에서 버스를 탔다.
What stop do we **get off** at? 우리는 어느 정류장에서 내리지?

Word Link — Kinds of Meat

meat

beef

pork

- Read and complete the sentences.

1 _____ is the meat from a cow.

2 _____ is the meat from a pig.

Answers 1 beef 2 pork

DAILY TEST

정답 p.149

[01~09] 다음 우리말과 같은 뜻이 되도록 빈칸에 알맞은 단어를 쓰세요.

01 거대한 연기 구름   a _____ cloud of smoke
02 상자의 옆면   the _____ of a box
03 적극적인 역할   an _____ role
04 내가 가장 좋아하는 스포츠   my favorite _____
05 입을 벌리다   open your _____
06 고기를 먹다   eat _____
07 뭔가 신나는 것을 하다   do something _____
08 모험을 떠나다   go on an _____
09 도로 위에 많은 차들   many cars on the _____

[10~12] 다음 괄호 안의 단어를 문맥에 맞게 알맞은 형태로 고쳐 쓰세요.

10 Both _____ are popular. (movie)
11 I enjoy _____ basketball. (play)
12 Speeding is _____. (danger)

건물과 장소
[13~17] 다음 빈칸에 알맞은 말을 넣어 단어맵을 완성하세요.

13 _____ 복도; 홀, 강당
14 _____ 위층으로[에서]
15 _____ (공공장소의) 화장실
16 _____ 지하의; 지하에
17 _____ / _____ ~에 타다/내리다

REVIEW TEST DAY 06~10

정답 pp. 149~150

A 덩어리 표현   우리말에 맞게 빈칸을 채워 핵심 표현을 완성하세요.

01 have no _____ of _____   승산이 없다[승리의 가능성이 없다]

02 _____ in an _____ crash   비행기 추락 사고로 죽다

03 _____ health _____ from a doctor   의사에게 건강 조언을 받다

04 _____ children from _____   위험에서 아이들을 보호하다

05 take a quick _____ at _____   점심시간에 짧은 낮잠을 자다

06 the _____ _____ quickly   그 소문이 빠르게 퍼지다

07 _____ a special _____   특별한 기계를 발명하다

08 always _____ of _____   언제나 기운이 충만한

09 stand at the _____ of the _____   계단 맨 아래에 서 있다

10 _____ too much _____ on snacks   간식에 너무 많은 돈을 쓰다

11 _____ a _____   대본을 쓰다

12 _____ something to _____   마실 것이 필요하다

13 a healthy _____ in a _____ body   건강한 신체에 건강한 정신

14 become a _____ _____   유명한 화가가 되다

15 sometimes _____ _____ on the weekends   주말에 가끔 늦잠을 자다

16 _____ visitors with a _____   손님들을 미소로 맞이하다

17 an _____ _____   흥미진진한 모험

18 the beef _____ in your _____   쇠고기가 입 안에서 녹다

19 on both sides of a _____ _____   넓은 길의 양쪽에

20 _____ _____ sports   활동적인 스포츠를 즐기다

050

B 주제별 어휘 — 우리말에 맞게 빈칸을 채워 문장을 완성하세요.

환경 보호

01 We have the _____ to save the earth.
우리에겐 지구를 구할 힘이 있다.

02 Whales live in the _____.
고래는 바다에서 산다.

몸과 건강

03 If you eat too much, you'll get _____.
너무 많이 먹으면 너는 살찔 것이다.

04 I'm hot and _____.
나는 덥고 목이 마르다.

쇼핑하기

05 Let's meet at the _____ and buy some clothes.
쇼핑몰에서 만나서 옷 좀 사자.

06 That's $7 and $2, so the _____ is $9.
저것은 7달러와 2달러로, 총액은 9달러이다.

언어 학습

07 This _____ is too long.
이 문장은 너무 길다.

08 Can you give me an _____, please?
예를 하나 들어줄 수 있겠습니까?

건물과 장소

09 His office is at the end of the _____.
그의 사무실은 복도 끝에 있다.

10 I need to use the _____.
화장실을 좀 사용하겠습니다.

C Word Link — 다음 문맥에 알맞은 표현을 고르세요.

01 There is a good (chance / time) of winning this game.

02 He felt (sleep / sleepy) and went to bed.

03 Thomas Edison was a great (invent / inventor).

04 He wrote a (poem / poet) about friendship.

05 (Beef / Pork) is the meat from a cow.

DAY 01~10 CUMULATIVE TEST

[01~30] 다음 단어의 뜻을 쓰세요.

01 follow
02 adult
03 dig
04 pose
05 float
06 collect
07 traditional
08 palace
09 fair
10 invite
11 drop
12 opinion
13 earth
14 empty
15 believe
16 victory
17 crash
18 receive
19 nap
20 invent
21 joy
22 spend
23 script
24 mall
25 healthy
26 famous
27 greet
28 meat
29 wide
30 restroom

[31~40] 다음 뜻을 가진 단어를 쓰세요.

31 빌려주다
32 공기, 대기; 공중
33 선반; (책장의) 칸
34 밀다
35 출구
36 낭비하다; 낭비
37 특별한, 특수한
38 계단
39 방문객, 손님
40 모험

[41~45] 다음 숙어의 뜻을 쓰세요.

41 before long
42 right away
43 each other
44 take away
45 try on

Vocabulary for Comprehension

추리 극장 1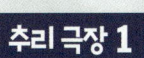

The Jumping Woman

A dead body is found at the **bottom** of a tall building. It looks like the woman jumped from one of the floors. People think she killed herself. A policeman arrives. He goes to each floor, throw a **coin** out the window, and watches it. He does this until he **reaches** the top floor of the building. **Before long**, he comes back down and says that she was killed. How does he know that?

★ Think about it. Then watch the video and check your answer.

① What is the opposite of **bottom**?
　a. stair　　　b. middle　　　c. top　　　d. exit

② The word **coin** is a piece of metal …
　a. medal.　　b. money.　　c. can.　　d. shelf.

③ In this passage, the meaning of **reach** is …
　a. to look around.　b. to visit.　c. to touch.　d. to arrive at.

④ What is another word for **before long**?
　a. soon　　b. finally　　c. right away　　d. slowly

뛰어내린 여자 고층 건물의 바닥에서 사체가 발견된다. 그 여성은 건물의 어느 한 층에서 뛰어내린 것처럼 보인다. 사람들은 그녀가 자살한 것으로 생각한다. 한 경찰관이 도착한다. 그는 각 층으로 가서, 창 밖으로 동전을 던지고, 그것을 관찰한다. 그는 건물의 맨 위층에 도착할 때까지 이런 행동을 한다. 오래지 않아, 그는 다시 내려와 그녀가 살해당했다고 말한다. 그는 어떻게 아는 걸까?

Answers 1c 2b 3d 4a

DAY 11

≫ absent because you're sick 아파서 결석한

201 absent [ǽbsənt]
- 형 결석한 반 present
- He was **absent** from school today. 그는 오늘 학교에 결석했다.
- Plus+ · be absent from ~에 결석하다
- **absence** 명 결석

202 because [bikɔ́ːz]
- 접 ~ 때문에, 왜냐하면
- I am hungry now **because** I didn't eat breakfast.
- 아침을 안 먹어서 나는 지금 배가 고프다.
- 참고 because of + 명사

203 sick [sik]
- 형 아픈, 병든 유 ill 반 healthy
- Tom is **sick** with a cold. 톰은 감기에 걸려 아프다.

≫ popular among teenagers/students 10대들/학생들 사이에서 인기 있는

204 popular [pápjulər]
- 형 인기 있는
- K-pop music is **popular** around the world.
- 한국 대중 가요는 전 세계적으로 인기가 있다.
- **popularity** 명 인기

205 among [əmʌ́ŋ]
- 전 ~ 중[사이]에
- Emma is sitting **among** the boys.
- 엠마는 그 소년들 사이에 앉아 있다.

206 teenager [tíːnèidʒər]
- 명 10대(나이가 13~19세인 사람) 유 teen
- My son is a **teenager**. 내 아들은 10대이다.

207 student [stúːdnt]
- 명 학생
- How many **students** are in your class?
- 당신의 반에는 몇 명의 학생들이 있나요?

›› keep off the grass 잔디밭에 들어가지 마라

208 keep [kiːp]

동 (kept-kept) 1 (상태를) 유지하다 2 계속하다

Please **keep** the baby quiet. 그 아기를 조용히 시켜주세요.
Keep going along this road. 이 길을 따라 계속 가.

209 off [ɔːf]

부 멀리(로), 떨어져 전 ~에서 떨어져

The dog ran **off**. 그 개는 달아나 버렸다.
I fell **off** the ladder. 나는 사다리에서 떨어졌다.

210 grass [græs]

명 풀, 잔디

It is time to cut the **grass**.
잔디를 깎을 때이다.

›› cross the street at a crosswalk 횡단보도에서 길을 건너다

211 cross [krɔːs]

동 (가로질러) 건너다; 가로지르다

Don't **cross** the yellow line. 그 노란 선을 넘지 마세요.
The bridge **crosses** the Han River. 그 다리는 한강을 가로지른다.

212 street [striːt]

명 거리, 길(거리)

The bank is across the **street**. 그 은행은 길 건너편에 있다.
참고 road 길, 도로 (보통 차가 다닐 수 있는 거리)

213 at [æt]

전 1 |장소| ~에(서) 2 |시간| ~에

Let's meet **at** the airport. 공항에서 만나자.
Our class starts **at** 9 a.m. 우리 수업은 오전 9시에 시작한다.

214 crosswalk [krɔ́ːswɔ̀ːk]

명 횡단보도

He stopped in the middle of the **crosswalk**.
그는 횡단보도 한가운데에서 멈춰 섰다.

215 sidewalk [sáidwɔ̀ːk]

명 보도, 인도

Walk on the **sidewalk**, not in the road.
도로 말고, 보도 위로 걸어라.

Word Link
sidewalk는 도로의 '옆(side)'으로 '걸어 다닐 수(walk)' 있는 길을 말해요.

주제: 인류와 세계

216 human [hjúːmən]
- 형 인간[사람]의 명 인간, 사람 ⊕ human being
- The head is a part of the **human** body. 머리는 인체의 한 부분이다.
- **Humans** are a kind of animal. 인간은 일종의 동물이다.

217 nation [néiʃən]
- 명 국가, 나라 ⊕ country
- Mexico is a **nation** in North America. 멕시코는 북미에 있는 국가다.
- **national** 형 국가의, 국가적인

218 area [ɛ́əriə]
- 명 1 지역 2 (특정 공간 내의) 구역 ⊕ zone
- Few plants live in desert **areas**. 사막 지역에는 식물이 거의 살지 않는다.
- a no-smoking **area** 금연 구역

219 powerful [páuərfəl]
- 형 1 영향력 있는 2 강력한
- China is a big, **powerful** nation. 중국은 크고 영향력 있는 국가다.
- **powerful** weapons 강력한 무기
- **power** 명 힘, 능력; 동력, 에너지

220 believe in
- ~이 존재함을 믿다
- Do you **believe in** God? 당신은 신의 존재를 믿나요?

Word Link — Compound Words

cross + walk = crosswalk

- Separate into two words.
    1. sidewalk = _____ + _____
    2. crossword = _____ + _____

Answers 1 side, walk 2 cross, word

DAILY TEST

정답 p.150

[01~10] 영어는 우리말로, 우리말은 영어로 쓰세요.

01 popular _____
02 because _____
03 sick _____
04 street _____
05 teenager _____

06 학생 _____
07 풀, 잔디 _____
08 ~ 중[사이]에 _____
09 횡단보도 _____
10 (상태를) 유지하다; 계속하다 _____

[11~13] 다음 문장을 읽고, 문맥에 알맞은 단어를 고르세요.

11 I fell _____ the ladder.
　ⓐ at　　　　　　ⓑ among　　　　　　ⓒ off

12 Walk on the _____, not in the road.
　ⓐ grass　　　　　ⓑ crosswalk　　　　　ⓒ sidewalk

13 He was _____ from school today.
　ⓐ absent　　　　ⓑ sick　　　　　　　ⓒ powerful

인류와 세계

[14~18] 다음 빈칸에 알맞은 말을 넣어 단어맵을 완성하세요.

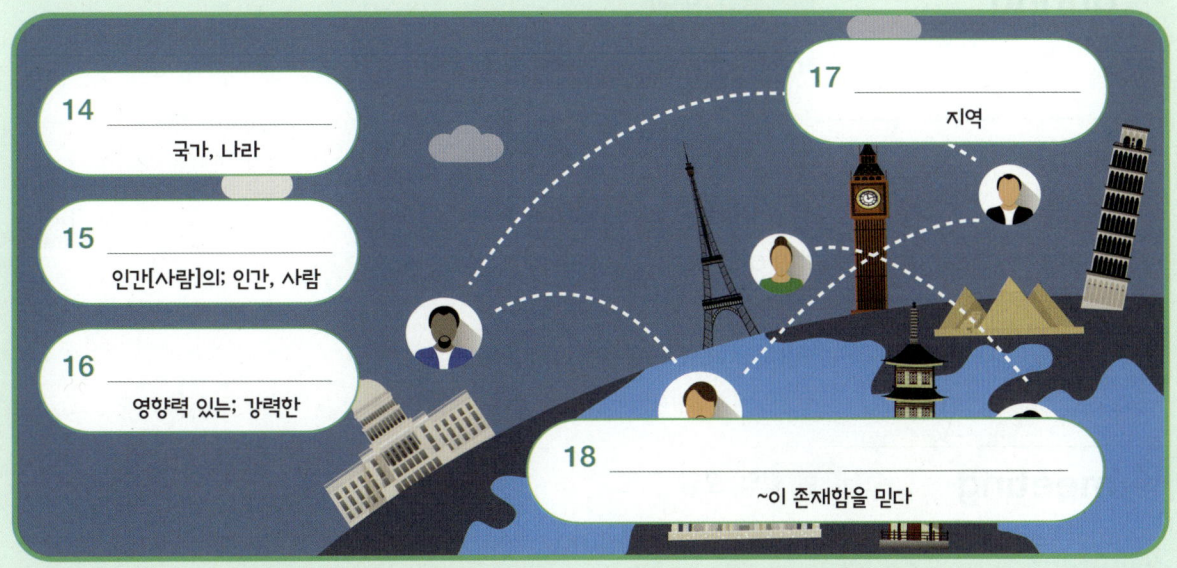

14 _____ 국가, 나라
15 _____ 인간[사람]의; 인간, 사람
16 _____ 영향력 있는; 강력한
17 _____ 지역
18 _____ ~이 존재함을 믿다

DAY 11 • 057

DAY 12

›› fix a broken clock 고장 난 시계를 고치다

221 fix
[fiks]

동 1 수리하다, 고치다 2 고정시키다

Can you **fix** my bike? 네가 내 자전거를 고칠 수 있을까?
fix a shelf to the wall 선반을 벽에 고정시키다

222 broken
[bróukən]

형 1 깨진 2 고장 난

Don't walk on that **broken** glass. 깨진 유리 위를 걷지 마라.
a **broken** toy 고장 난 장난감
break 동 깨다, 부수다; (규칙·약속을) 깨다, 어기다

223 clock
[klɑk]

명 (벽에 걸거나 실내에 두는) 시계

This **clock** is five minutes fast. 이 시계는 5분 빠르다.
참고 watch 손목시계

›› fall asleep during the meeting 회의 중에 잠이 들다

224 asleep
[əslíːp]

형 잠이 든, 자고 있는

He fell **asleep** on the sofa. 그는 소파에서 잠이 들었다.

225 during
[dúəriŋ]

전 ~ 동안 (내내)

Don't make noise **during** class. 수업 중에 떠들지 마라.

226 while
[wail]

접 1 ~하는 동안 2 ~인 데 반하여

The phone rang **while** I was doing the dishes.
내가 설거지를 하는 동안 전화가 울렸다.
While you like dogs, I like cats.
당신이 개를 좋아하는 반면, 나는 고양이를 좋아한다.

> **Word Link**
> 전치사 during 뒤에는 명사가 나오고, 접속사 while 뒤에는 주어와 동사가 있는 문장이 나와요.

227 meeting
[míːtiŋ]

명 회의, 모임

We have a **meeting** every week. 우리는 매주 회의를 한다.

≫ a perfect day for hiking/a picnic 하이킹에/소풍 가기에 딱 좋은 날

228 perfect
[pə́ːrfikt]

형 1 (결함 없는) 완벽한 2 (목적에) 꼭 알맞은
Nobody's **perfect**! 완벽한 사람은 아무도 없어!
a **perfect** place for a date 데이트하기에 꼭 알맞은 장소

229 day
[dei]

명 1 하루, 날 2 낮, 주간
I saw her three **days** ago. 나는 3일 전에 그녀를 보았다.
during the **day** 낮 동안에

230 hiking
[háikiŋ]

명 하이킹, 도보 여행
We'll go **hiking** this weekend. 우리는 이번 주말에 하이킹을 갈 것이다.

231 picnic
[píknik]

명 소풍, 피크닉
Let's go on a **picnic**. 소풍 가자.

≫ have a habit of biting your nails 손톱을 물어뜯는 버릇이 있다

232 have
[hæv]

동 (had-had) 1 가지고 있다 2 먹다, 마시다
She **has** five dollars. 그녀는 5달러를 가지고 있다.
The man **has** blue eyes. 그 남자는 푸른색 눈을 가졌다.
have lunch 점심을 먹다

233 habit
[hǽbit]

명 습관, 버릇
You should change your eating **habits**. 너는 너의 식습관을 바꿔야 한다.
a good/bad **habit** 좋은/나쁜 버릇

234 bite
[bait]

동 (bit-bitten) 물다 명 물린 상처
That dog **bit** my leg. 저 개가 내 다리를 물었다.
a mosquito **bite** 모기에게 물린 상처

235 nail
[neil]

명 1 손톱, 발톱 2 못
I cut my **nails** too closely.
나는 손톱을 너무 바짝 깎았다.
a **nail** and a hammer 못과 망치

DAY 12

주제 **음식과 요리**

236 **fresh**
[freʃ]

형 **1** 신선한, 갓 딴[만든] **2** 상쾌한
The milk is not **fresh**. 우유가 신선하지 않다.
fresh bread 갓 만든[구운] 빵
get some **fresh** air 상쾌한 공기를 쐬다

237 **heat**
[hiːt]

동 데우다 명 열
Heat the soup on the stove. 레인지 위에서 수프를 데워라.
the **heat** of the sun 태양열

238 **freeze**
[friːz]

동 (froze-frozen) 얼다; 얼리다 반 melt
Water **freezes** at 0°C. 물은 섭씨 영도에서 언다.
freeze meat 고기를 얼리다

239 **fry**
[frai]

동 (기름에) 튀기다, 볶다
Fry the onions in butter. 양파를 버터에 볶아라.

240 **eat out**

외식하다
We **eat out** every Sunday. 우리는 일요일마다 외식한다.

Word Link — Commonly Confused Words

during + noun
while + clause (subject + verb)

- Read and complete the sentences.

    1 I fell asleep _____ the movie.

    2 I fell asleep _____ I was watching the movie.

Answers 1 during 2 while

DAILY TEST

정답 p.150

[01~05] 다음 단어들을 연결하여 어구를 완성하고 그 뜻을 쓰세요.

01 broken • • ⓐ class 뜻: _____
02 fall • • ⓑ glass 뜻: _____
03 during • • ⓒ asleep 뜻: _____
04 a mosquito • • ⓓ bite 뜻: _____
05 fresh • • ⓔ air 뜻: _____

[06~10] 다음 빈칸에 알맞은 말을 골라 쓰세요.

> while   meeting   nails   fix   clock

06 Can you _____ my bike?
07 _____ you like dogs, I like cats.
08 We have a _____ every week.
09 I cut my _____ too closely.
10 This _____ is five minutes fast.

음식과 요리

[11~15] 다음 빈칸에 알맞은 말을 넣어 단어맵을 완성하세요.

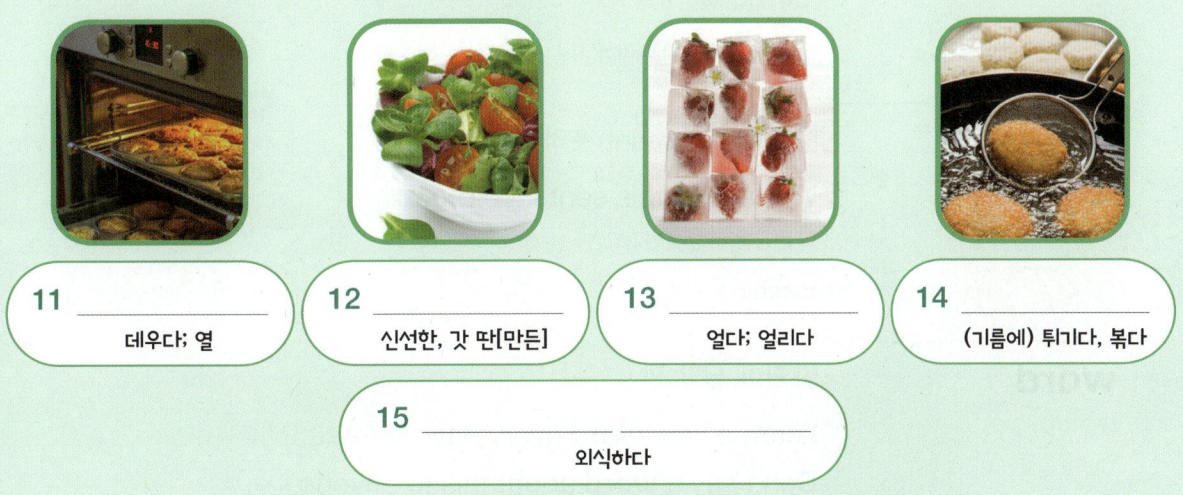

11 _____ 데우다; 열
12 _____ 신선한, 갓 딴[만든]
13 _____ 얼다; 얼리다
14 _____ (기름에) 튀기다, 볶다
15 _____ _____ 외식하다

DAY 12

DAY 13

>> **focus only** on your **schoolwork** 학교 공부에만 집중하다

241 only [óunli]
- 부 단지, 오직   형 유일한
- **Only** you understand me. 오직 너만 나를 이해한다.
- my **only** true friend 나의 유일한 진정한 친구

242 focus [fóukəs]
- 동 집중하다[시키다] ((on))   유 concentrate   명 초점
- I can't **focus** on the exam because of that song.
  나는 그 노래 때문에 시험에 집중할 수가 없다.
- the **focus** of interest 관심의 초점

243 schoolwork [skúːlwə̀ːrk]
- 명 학업, 학교 공부
- I am busy with my **schoolwork**. 나는 학교 공부로 바쁘다.

>> **guess** the **meaning** of a **word** 단어의 뜻을 짐작하다

244 guess [ges]
- 동 추측[짐작]하다   명 추측, 짐작
- I don't know. I'm just **guessing**. 나는 몰라. 그냥 추측한 거야.

245 meaning [míːniŋ]
- 명 뜻, 의미
- The verb "take" has many **meanings**.
  동사 "take"에는 여러 가지 뜻이 있다.
- mean 동 뜻하다[의미하다]

246 mean [miːn]
- 동 (meant-meant) 뜻하다[의미하다]
- What does this sentence **mean**?
  이 문장은 무슨 뜻인가요?
- meaning 명 뜻, 의미

> **Word Link**
> meaning은 동사 'mean(의미하다)'에 -ing가 붙어, '의미하는 것[의미]'의 뜻이 된 거예요.

247 word [wəːrd]
- 명 단어, 낱말; 말
- Learn a new **word** every day. 매일 새로운 단어를 배워라.
- Don't say a **word** about this to anyone.
  이것에 대해 누구에게도 말하지 마라.

›› give useful/false information 유용한/틀린 정보를 주다

248 give [giv]
동 (gave-given) 주다
He **gave** me a new hat and gloves. 그는 내게 새 모자와 장갑을 주었다.

249 useful [júːsfəl]
형 유용한, 쓸모 있는 ⊕ helpful
A dictionary is a **useful** book. 사전은 유용한 책이다.
use 동 쓰다, 사용하다 명 사용[이용]

250 false [fɔːls]
형 1 틀린 ↔ true 2 거짓의, 가짜의 ⊕ fake ↔ real
A whale is a fish. True or **false**? 고래는 물고기다. 맞는가, 틀린가?
use a **false** name 가명을 사용하다

251 information [ìnfərméiʃən]
명 정보, 자료
Give me some **information** about the new movie.
그 새 영화에 대한 정보를 내게 좀 알려줘.

›› wonder what happened yesterday 어제 무슨 일이 있었는지 궁금해하다

252 wonder [wʌ́ndər]
동 궁금하다 명 놀라움, 경탄
I **wonder** where she is. 나는 그녀가 어디 있는지 궁금하다.
look around in **wonder** 경탄하며 주위를 둘러보다
wonderful 형 멋진, 훌륭한

253 what [wɑt]
대 무엇, 어떤 것 형 무슨, 어떤
What is he doing? 그는 무엇을 하고 있나요?
What colors do you like? 넌 어떤 색을 좋아해?

254 happen [hǽpən]
동 (일·사건 등이) 일어나다 ⊕ take place
You broke your arm? When did that **happen**?
네 팔이 부러졌다고? 언제 그 일이 일어났지?

255 yesterday [jéstərdèi]
부 어제 명 어제
They arrived **yesterday**. 그들은 어제 도착했다.
Yesterday was his birthday. 어제는 그의 생일이었다.
참고 today 오늘 tomorrow 내일

주제: 비즈니스

256 director [diréktər]
명 1 (회사의) 이사, 임원 2 (영화 등의) 감독
He is a **director** at this company. 그는 이 회사에서 이사다.
a movie **director** 영화 감독
direct 동 지휘[총괄]하다; (길을) 안내하다, 가리키다

257 partner [pá:rtnər]
명 1 동료, 동업자 2 (춤·게임 등의) 상대, 파트너
John and I are **partners** in business. 존과 나는 사업 파트너이다.
a dance **partner** 댄스 파트너

258 company [kʌ́mpəni]
명 회사
She works for a computer **company**. 그녀는 컴퓨터 회사에서 일한다.

259 manager [mǽnidʒər]
명 경영자[관리자]
Can I speak to the **manager** of the store?
이 가게의 관리자와 이야기 좀 할 수 있을까요?
manage 동 운영하다, 관리하다

260 after a while
잠시 후에
We'll start the meeting **after a while**.
잠시 후에 우리는 회의를 시작할 것이다.

Word Link — Nouns with the -ing Ending

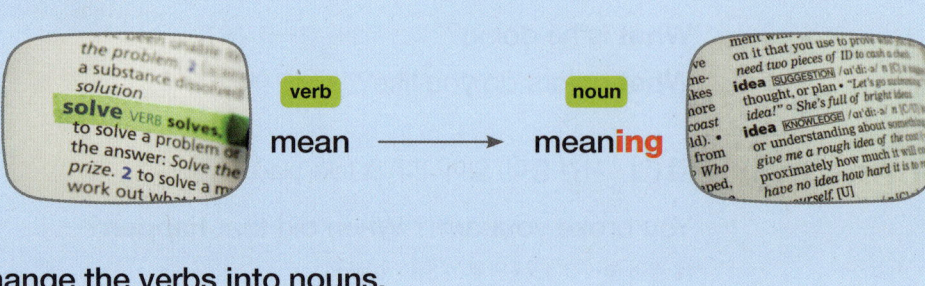

verb **mean** → noun **meaning**

- Change the verbs into nouns.

1 paint → _____

2 cook → _____

Answers 1 painting 2 cooking

DAILY TEST

정답 p.150

[01~07] 다음 우리말과 같은 뜻이 되도록 빈칸에 알맞은 단어를 쓰세요.

01 새로운 단어를 배우다   learn a new _____
02 가명을 쓰다   use a _____ name
03 영화 감독   a movie _____
04 경탄하며 주위를 둘러보다   look around in _____
05 내게 새 모자를 주다   _____ me a new hat
06 여러 가지 뜻이 있다   have many _____
07 그 새 영화에 대한 정보   _____ about the new movie

[08~10] 다음 밑줄 친 부분과 바꿔 쓸 수 있는 알맞은 표현을 고르세요.

08 I can't focus on the exam because of that song.
    ⓐ guess   ⓑ concentrate   ⓒ mean

09 You broke your arm? When did that happen?
    ⓐ give   ⓑ wonder   ⓒ take place

10 A dictionary is a useful book.
    ⓐ helpful   ⓑ false   ⓒ only

비즈니스

[11~15] 다음 빈칸에 알맞은 말을 넣어 단어맵을 완성하세요.

11 _____ 회사
12 _____ (회사의) 이사, 임원
13 _____ 경영자[관리자]
14 _____ 동료, 동업자
15 _____ a _____ 잠시 후에

DAY 14

>> **surprised** at the **scene/result** 그 장면에/결과에 놀란

261 surprised [sərpráizd]
형 놀란, 놀라는
He looked **surprised** at the news. 그는 그 소식에 놀란 것 같았다.
surprise 명 뜻밖의[놀라운] 일 동 놀라게 하다 **surprising** 형 놀라운

262 scene [si:n]
명 1 (연극·영화 등의) 장면 2 (행위·사건의) 현장[장소]
It was like a **scene** from a movie. 그것은 영화의 한 장면 같았다.
the **scene** of the accident 그 사고 현장

263 result [rizʌ́lt]
명 결과
What was the **result** of the game? 그 경기의 결과는 어떻게 되었습니까?

>> **excited** about the summer **camp/vacation** 여름 캠프에/방학에 신이 난

264 excited [iksáitid]
형 신이 난, 흥분한
I am going to Europe – I am so **excited**!
나는 유럽에 갈 거야. 나는 너무 신나!
exciting 형 신나는, 흥미진진한

265 camp [kæmp]
명 야영지; 캠프 동 야영[캠핑]하다
Let's return to **camp** – it's getting dark.
야영지로 돌아가자. 어두워지고 있어.
go **camping** 캠핑을 가다

266 vacation [veikéiʃən]
명 방학, 휴가
I'm going on **vacation** next month. 나는 다음달에 휴가를 갈 것이다.
summer **vacation** 여름 방학

267 holiday [hálədèi]
명 휴일, 공휴일
Thanksgiving is a big **holiday** in America.
추수감사절은 미국에서 큰 공휴일이다.

Word Link
'휴가'를 일컬을 때, 미국에선 주로 vacation, 영국에선 holiday라고 해요.

≫ stay indoors until the rain stops 비가 그칠 때까지 실내에 머무르다

268 stay [stei]
동 머무르다 명 머무름, 체류
We'll **stay** in a hotel for a week. 우리는 일주일간 호텔에 머무를 거야.
I enjoyed my **stay** in Paris. 나는 파리에 머무는 것이 즐거웠다.

269 indoor [índɔ:r]
형 실내의 (반) outdoor 부 (-s) 실내에서 (반) outdoors
Let's go to an **indoor** swimming pool. 실내 수영장에 가자.
We worked **indoors** all day long. 우리는 하루 종일 실내에서 일했다.

270 until [əntíl]
전 ~까지 접 ~할 때까지
We worked **until** evening. 우리는 저녁 때까지 일했다.
play **until** it gets dark 어두워질 때까지 놀다

271 rain [rein]
명 비, 빗물 동 비가 오다
A heavy **rain** began to fall. 폭우가 내리기 시작했다.
It will **rain** this afternoon. 오늘 오후에 비가 올 것이다.
rainy 형 비가 오는

272 stop [stap]
동 멈추다, 중단하다 명 1 멈춤, 중단 2 정류장
The car **stopped** suddenly. 그 차는 갑자기 멈춰 섰다.
Let's get off at the next **stop**. 다음 정류장에서 내리자.

≫ understand teen culture 10대의 문화를 이해하다

273 understand [ʌndərstǽnd]
동 (understood-understood) 이해하다
I can't **understand** this question. 나는 이 질문을 이해할 수가 없다.

274 teen [ti:n]
명 (-s) 10대 (동) teenager 형 10대의 (동) teenage
Many **teens** play online games. 많은 10대들이 온라인 게임을 한다.
a popular **teen** actor 인기 있는 10대 배우

275 culture [kʌ́ltʃər]
명 문화
Each country has a different **culture**. 각각의 나라는 다른 문화를 가진다.
cultural 형 문화의, 문화적인

주제: 대화와 토론

276 dialogue [dáiəlɔ̀ːg]
명 대화, 회화 ⓤ dialog
a short **dialogue** between father and son
아버지와 아들 사이의 짧은 대화

277 discuss [diskʌ́s]
동 토론하다, 의논하다
We **discussed** plans for our vacation. 우리는 휴가 계획을 의논했다.
discussion 명 토론, 의논

278 topic [tápik]
명 주제, 화제 ⓤ subject
AI is a popular **topic** these days. AI(인공지능)는 요즘 인기있는 주제다.

279 sure [ʃuər]
형 확신하는[확실한] ⓤ certain
"That is John's uncle." "Are you **sure**?"
"저분이 존의 삼촌이야." "확실해?"

280 by the way
그나저나, 그런데(대화에서 화제를 바꿀 때 씀)
By the way, did you hear what happened yesterday?
그나저나, 어제 무슨 일이 있었는지 들었니?

Word Link  Words with Similar Meanings

 holiday | vacation

• Read and circle the correct word.

1 New Year's Day is a (holiday / vacation).

2 We went on (holiday / vacation) when school ended.

Answers 1 holiday 2 vacation

DAILY TEST

정답 p.150

[01~06] 다음 주어진 철자의 순서를 바로잡은 후 알맞은 의미와 연결하세요.

01 pacm → _____ • • ⓐ 문화
02 itlnu → _____ • • ⓑ 10대; 10대의
03 tcureul → _____ • • ⓒ ~까지; ~할 때까지
04 rnia → _____ • • ⓓ 야영지, 캠프; 야영[캠핑]하다
05 eent → _____ • • ⓔ 머무르다; 머무름, 방문
06 ytas → _____ • • ⓕ 비, 빗물; 비가 오다

[07~12] 다음 빈칸에 알맞은 말을 골라 쓰세요.

> vacation   stopped   result   scene   surprised   indoor

07 He looked _____ at the news.
08 What was the _____ of the game?
09 I'm going on _____ next month.
10 Let's go to an _____ swimming pool.
11 It was like a _____ from a movie.
12 The car _____ suddenly.

대화와 토론
[13~17] 다음 빈칸에 알맞은 말을 넣어 단어맵을 완성하세요.

13 _____ 주제, 화제
14 _____ 토론하다, 의논하다
15 _____ 대화, 회화
16 _____ 확신하는[확실한]
17 _____ the _____ 그나저나, 그런데

DAY 14

DAY 15

>> have the **wrong address/idea** 잘못된 주소를/생각을 갖고 있다

281 **wrong**
[rɔ́ːŋ]

형 1 틀린, 잘못된 반 right, correct 2 나쁜 반 right

Your answer is **wrong**. 너의 답은 틀렸다.
It is **wrong** to tell lies. 거짓말을 하는 것은 나쁘다.

282 **address**
[ǽdres]

명 주소

What is your new **address**? 너의 새 주소는 무엇이니?

283 **idea**
[aidíːə]

명 1 생각, 발상 2 이해, 지식

"Let's go swimming." "That's a good **idea**!"
"수영하러 가자." "그거 좋은 생각이야!"

I have no **idea** what you are talking about.
네가 무슨 이야기를 하고 있는지 나는 전혀 이해가 안 된다.

>> **cut** the **thick paper** in **half** 두꺼운 종이를 반으로 자르다

284 **cut**
[kʌt]

동 (cut-cut) 베다; 자르다

I **cut** my finger on that glass. 나는 유리에 손가락을 베였다.
cut the meat with a knife 칼로 고기를 자르다

285 **thick**
[θik]

형 두꺼운, 굵은 반 thin

a **thick** book of about 900 pages 약 900페이지의 두꺼운 책
a **thick** line 굵은 선

286 **paper**
[péipər]

명 종이

I need a pen and some **paper**. 나는 펜과 종이 몇 장이 필요하다.
a piece of **paper** 종이 한 장

287 **half**
[hæf]

명 (복수형 halves) 반, 절반 형 반[절반]의

Two is **half** of four. 2는 4의 절반이다.
for **half** an hour 반 시간[30분] 동안

just an hour later than usual 평소보다 딱 한 시간 늦게

288 just [dʒʌst]
부 **1** 딱[꼭] ⓤ exactly **2** 방금, 막 **3** 그저, 단지 ⓤ only
You look **just** like your father. 너는 네 아버지를 꼭 닮았다.
The bell **just** rang. 방금 종이 울렸다.
It was **just** a joke. 그건 그저 농담이었다.

289 hour [auər]
명 한 시간; 시각, 시
One **hour** has sixty minutes. 한 시간은 60분이다.
참고 minute 분 second 초

290 than [ðæn]
전 ~보다
She is taller **than** you. 그녀는 너보다 키가 더 크다.

291 usual [júːʒuəl]
형 평소의, 보통의
The bus arrived at its **usual** time. 그 버스는 평소의 시간에 도착했다.
usually 부 보통, 대개

292 usually [júːʒuəli]
부 보통, 대개
I **usually** go to school by bus.
나는 보통 버스를 타고 등교한다.
usual 형 평소의, 보통의

Word Link 형용사 'usual(보통의)' 뒤에 -ly를 붙이면, 부사로 바뀌어요.

curious about a secret recipe 비밀 레시피에 대해 궁금해하는

293 curious [kjúəriəs]
형 호기심이 많은, 궁금한
Tom is a **curious** boy – he is always asking questions.
톰은 호기심이 많은 소년이다. 그는 늘 질문을 한다.
curiosity 명 호기심

294 secret [síːkrit]
명 비밀
Can you keep a **secret**? 너는 비밀을 지킬 수 있어?

295 recipe [résəpi]
명 요리법
Do you know a good **recipe** for pasta?
너는 파스타를 만드는 좋은 요리법을 알고 있어?

주제: 봉사활동

296 volunteer [vàləntíər]
명 자원봉사자 동 자원봉사 하다
We need **volunteers** for the event.
우리는 그 행사를 위한 자원봉사자가 필요하다.
volunteer at a hospital 병원에서 자원봉사 하다

297 care [kɛər]
명 1 보살핌 2 조심, 주의 동 신경 쓰다
Old people need great **care**. 노인들은 세심한 보살핌을 필요로 한다.
This is important, so do it with **care**. 이 일은 중요하니 조심해서 하세요.
care about the environment 환경에 대해 신경 쓰다

298 poor [puər]
형 1 가난한 (반 rich) 2 불쌍한
They serve free meals to **poor** people.
그들은 가난한 사람들에게 무료 음식을 제공한다.
a **poor** dog 불쌍한 개

299 wheelchair [wíːltʃer]
명 휠체어
The bus has space for **wheelchair** users.
이 버스에는 휠체어 사용자들을 위한 공간이 있다.

300 take care of
~을 돌보다
He **takes care of** old people. 그는 나이 드신 분들을 돌본다.

Word Link Adverbs with the -ly Ending

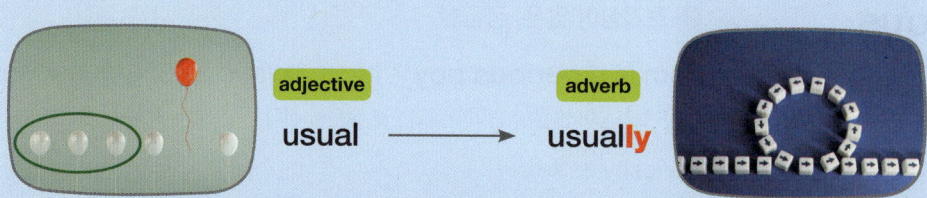

adjective: usual → adverb: usual**ly**

- Change the adjectives into adverbs.

1 final ⟶ _____

2 quick ⟶ _____

Answers 1 finally 2 quickly

072

DAILY TEST

정답 p.151

[01~09] 다음 우리말과 같은 뜻이 되도록 빈칸에 알맞은 단어를 쓰세요.

01 손가락을 베이다 ＿＿＿＿＿＿ my finger
02 반 시간[30분] 동안 for ＿＿＿＿＿＿ an hour
03 좋은 생각 a good ＿＿＿＿＿＿
04 너의 새 주소 your new ＿＿＿＿＿＿
05 평소의 시간에 at its ＿＿＿＿＿＿ time
06 호기심이 많은 소년 a ＿＿＿＿＿＿ boy
07 비밀을 지키다 keep a ＿＿＿＿＿＿
08 좋은 요리법 a good ＿＿＿＿＿＿
09 너보다 키가 더 큰 taller ＿＿＿＿＿＿ you

[10~12] 다음 밑줄 친 부분의 반의어를 골라 연결하세요.

10 It is <u>wrong</u> to tell lies.　•　　　•　ⓐ rich
11 a <u>thick</u> book of about 900 pages　•　　　•　ⓑ right
12 They serve free meals to <u>poor</u> people.　•　　　•　ⓒ thin

봉사활동

[13~17] 다음 빈칸에 알맞은 말을 넣어 단어맵을 완성하세요.

13 ＿＿＿＿＿＿ 보살핌; 신경 쓰다
14 ＿＿＿＿＿＿ 가난한; 불쌍한
15 ＿＿＿＿＿＿ 자원봉사자; 자원봉사 하다
16 ＿＿＿＿＿＿ 휠체어
17 ＿＿＿＿＿＿ ＿＿＿＿＿＿ ＿＿＿＿＿＿ ~을 돌보다

REVIEW TEST DAY 11~15

정답 p.151

A 덩어리 표현 우리말에 맞게 빈칸을 채워 핵심 표현을 완성하세요.

01 _____ because you're _____ 아파서 결석한

02 _____ _____ teenagers 10대들 사이에서 인기있는

03 _____ _____ the grass 잔디밭에 들어가지 마라

04 _____ the street at a _____ 횡단보도에서 길을 건너다

05 _____ a broken _____ 고장 난 시계를 고치다

06 fall _____ during the _____ 회의 중에 잠이 들다

07 a _____ day for _____ 하이킹에 가기에 딱 좋은[완벽한] 날

08 have a _____ of biting your _____ 손톱을 물어뜯는 버릇이 있다

09 _____ only on your _____ 학교 공부에만 집중하다

10 _____ the _____ of a word 단어의 뜻을 짐작하다

11 give _____ _____ 틀린 정보를 주다

12 _____ what happened _____ 어제 무슨 일이 있었는지 궁금해하다

13 _____ at the _____ 그 결과에 놀란

14 _____ about the summer _____ 여름 방학에 신이 난

15 _____ _____ until the rain stops 비가 그칠 때까지 실내에 머무르다

16 _____ teen _____ 10대의 문화를 이해하다

17 have the _____ _____ 잘못된 주소를 갖고 있다

18 _____ the _____ paper in half 두꺼운 종이를 반으로 자르다

19 _____ an hour later than _____ 평소보다 딱 한 시간 늦게

20 _____ about a _____ recipe 비밀 레시피에 대해 궁금해하는

B 주제별 어휘 우리말에 맞게 빈칸을 채워 문장을 완성하세요.

인류와 세계
01 Mexico is a _____ in North America.
멕시코는 북미에 있는 국가다.

02 China is a big, _____ nation.
중국은 크고 영향력 있는 국가다.

음식과 요리
03 _____ the soup on the stove.
레인지 위에서 수프를 데워라.

04 _____ the onions in butter.
양파를 버터에 볶아라.

비즈니스
05 He is a _____ at this company.
그는 이 회사에서 이사다.

06 Can I speak to the _____ of the store?
이 가게의 관리자와 이야기 좀 할 수 있을까요?

대화와 토론
07 AI is a popular _____ these days.
AI(인공지능)는 요즘 인기있는 주제다.

08 "That is John's uncle." "Are you _____?"
"저분이 존의 삼촌이야." "확실해?"

봉사활동
09 Old people need great _____.
노인들은 세심한 보살핌을 필요로 한다.

10 They serve free meals to _____ people.
그들은 가난한 사람들에게 무료 음식을 제공한다.

C Word Link 다음 문맥에 알맞은 표현을 고르세요.

01 What does this sentence (mean / meaning)?

02 Walk on the (crosswalk / sidewalk), not in the road.

03 The bus arrived at its (usual / usually) time.

04 New Year's Day is a (holiday / vacation).

05 I fell asleep (during / while) I was watching the movie.

DAY 16

» fill in the blanks below 아래 빈칸들을 채우다

301 fill [fil]
동 채우다
Please **fill** this glass for me. 이 잔 좀 채워 주세요.

302 blank [blæŋk]
형 공백의 명 빈칸
The child drew a picture on **blank** paper.
그 아이는 백지에 그림을 그렸다.

303 below [bilóu]
전 |위치·수량·수준| ~ 아래에 (반) above   부 아래[밑]에 (반) above
They have three children **below** the age of four.
그들은 4세 아래의 자녀가 세 명이 있다.
He lives on the floor **below**. 그는 아래층에 산다.

» interested in art/fashion 예술에/패션에 관심이 있는

304 interested [íntərəstid]
형 관심[흥미] 있는 ((in))
I am not **interested** in sports. 나는 스포츠에 관심이 없다.
interest 명 관심, 흥미   interesting 형 재미있는, 흥미로운

305 art [ɑːrt]
명 예술; 미술
Can we call pop music **art**? 팝 음악을 예술이라고 부를 수 있을까?
artist 명 예술가, 화가

306 artist [áːrtist]
명 예술가, 화가
Picasso is one of my favorite **artists**.
피카소는 내가 가장 좋아하는 화가 중 한 명이다.
art 명 예술; 미술

Word Link
'art(예술)'에 '행위자'를 나타내는 -ist를 붙이면, '예술을 행하는 사람[예술가]'을 뜻하는 artist가 돼요.

307 fashion [fǽʃən]
명 1 유행 2 패션, 의류업계
What's the **fashion** in skirts these days?
요즘 유행하는 치마는 무엇인가요?
a **fashion** designer 패션 디자이너

≫ suddenly cancel tonight's game 갑자기 오늘 밤 경기를 취소하다

308 suddenly
[sʌ́dnli]

부 갑자기

He died **suddenly** at the age of 50. 그는 50세의 나이에 갑자기 죽었다.
sudden 형 갑작스러운

309 cancel
[kǽnsəl]

동 취소하다

The teacher was sick, so classes were **canceled**.
선생님이 아파서, 수업은 취소되었다.

310 tonight
[tənáit]

부 오늘 밤(에) 명 오늘 밤

I'll go to bed early **tonight**. 나는 오늘 밤에 일찍 잘 거예요.
Tonight will be cloudy. 오늘 밤은 흐리겠습니다.

311 game
[geim]

명 게임[놀이/경기]

We enjoy card **games**.
우리는 카드 게임을 즐긴다.

≫ fun outdoor activities for kids 아이들을 위한 재미있는 야외 활동

312 fun
[fʌn]

명 재미, 즐거움 형 재미있는, 즐거운

Did you have **fun** at the party? 파티에서 재미있었나요?
This game looks **fun**. 이 게임은 재미있어 보인다.

313 outdoor
[áutdɔ̀ːr]

형 야외의 반 indoor 부 (-s) 야외에서 반 indoors

Jerry likes **outdoor** sports. 제리는 야외 스포츠를 좋아한다.
Do you often eat **outdoors**? 종종 야외에서 식사를 하나요?

314 activity
[æktívəti]

명 (특정 분야의) 활동

He joined an after-school **activity**. 그는 방과 후 활동에 참여했다.
active 형 활동적인; 적극적인

315 kid
[kid]

명 아이 유 child 동 농담하다, 놀리다

Kids should not see that movie. 아이들은 저 영화를 봐서는 안 된다.
You're **kidding** me, right? 너 나를 놀리는 거지, 맞지?

DAY 16 • 077

주제: 시간의 흐름

316 daytime [déɪtaɪm]
명 낮(시간), 주간
Owls are not active during the **daytime**.
부엉이들은 낮 동안에 활동적이지 않다.

317 continue [kəntínjuː]
동 계속되다; 계속하다
The festival **continues** for five days. 그 축제는 5일 동안 계속된다.
He **continued** to work until late at night.
그는 밤늦게까지 계속해서 일했다.

318 end [end]
동 끝나다; 끝내다 반 begin, start 명 끝, 마지막
When does the class **end**? 수업이 언제 끝나요?
end a meeting 회의를 끝내다
at the **end** of the week 이번 주말에

319 calendar [kǽləndər]
명 달력
He hung a new **calendar** on the wall. 그는 벽에 새 달력을 걸었다.

320 on time
시간을 어기지 않고, 제시간에
They arrived right **on time**. 그들은 제시간에 도착했다.

Word Link

Nouns with the -*ist* Ending

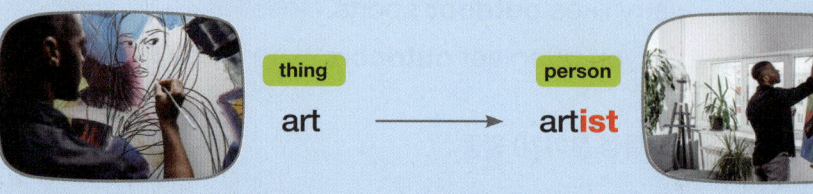

art (thing) → art**ist** (person)

- Read and complete the sentences.

  1 I am good at painting and I want to be an _____.

  2 Can we call television _____?

Answers 1 artist 2 art

DAILY TEST

정답 p.151

[01~06] 다음 단어들을 알맞게 연결하여 어구를 완성하고 그 뜻을 쓰세요.

01 look   •   • ⓐ in sports   뜻: _____
02 an after-school   •   • ⓑ this glass   뜻: _____
03 interested   •   • ⓒ fun   뜻: _____
04 blank   •   • ⓓ designer   뜻: _____
05 fill   •   • ⓔ paper   뜻: _____
06 a fashion   •   • ⓕ activity   뜻: _____

[07~12] 다음 빈칸에 알맞은 말을 골라 쓰세요.

| canceled | outdoor | kidding | artists | below | suddenly |

07 You're _____ me, right?
08 The teacher was sick, so classes were _____.
09 Jerry likes _____ sports.
10 They have three children _____ the age of four.
11 Picasso is one of my favorite _____.
12 He died _____ at the age of 50.

시간의 흐름

[13~17] 다음 빈칸에 알맞은 말을 넣어 단어맵을 완성하세요.

13 _____ 달력
14 _____ 낮(시간), 주간
15 _____ 계속되다; 계속하다
16 _____ 끝나다; 끝내다; 끝, 마지막
17 _____ 시간을 어기지 않고, 제시간에

DAY 16 • 079

DAY 17

▶▶ raise a national flag 국기를 게양하다

321 raise [reiz]
동 1 (들어)올리다, 들다 ㉠ lift 2 키우다[기르다]
Raise your hand. 손을 들어라.
She **raised** three sons alone. 그녀는 혼자서 세 아들을 키웠다.

322 national [nǽʃənl]
형 국가의, 국가적인
Taekwondo is a Korean **national** sport.
태권도는 한국의 국가적 스포츠이다.
nation 명 국가, 나라

323 flag [flæɡ]
명 기, 깃발
Flags waved in the wind. 깃발들이 바람에 흔들렸다.

▶▶ had a bad/strange dream last night 지난밤 나쁜/이상한 꿈을 꿨다

324 bad [bæd]
형 안 좋은, 나쁜, 불쾌한 ㉡ good
I just heard the **bad** news. 나는 방금 그 안 좋은 소식을 들었다.

325 strange [streindʒ]
형 1 이상한 2 낯선
The car is making **strange** noises. 그 차는 이상한 소음을 내고 있다.
a **strange** city/country 낯선 도시/나라
stranger 명 낯선[모르는] 사람; (어떤 곳에) 처음 온 사람

326 dream [driːm]
명 꿈 동 꿈을 꾸다
Did you have a good **dream**? 당신은 좋은 꿈을 꿨나요?
dream about ghosts 귀신에 대한 꿈을 꾸다

327 last [læst]
형 1 마지막의 2 지난
We missed the **last** bus. 우리는 마지막 버스[막차]를 놓쳤다.
last week/month 지난주/지난달
lastly 부 마지막으로, 끝으로

›› dry wet clothes outside 젖은 옷을 밖에서 말리다

328 dry [drai]
- 형 마른, 건조한 (반) wet 동 마르다; 말리다
- The desert is a hot and **dry** place. 사막은 덥고 건조한 곳이다.
- **dry** your hair 머리를 말리다

329 wet [wet]
- 형 젖은, 축축한 (반) dry
- Please bring me a **wet** towel. 물수건 좀 갖다주세요.

330 clothes [klouðz]
- 명 옷, 의복
- You have to change **clothes** for P.E. class.
  너는 체육시간에 옷을 갈아 입어야 한다.

331 cloth [klɔːθ]
- 명 천, 옷감
- Velvet is a soft silk **cloth**.
  벨벳은 부드러운 비단 천이다.

> **Word Link**
> cloth는 옷이 아닌, 옷의 원래 재료를 의미해요. cloth의 복수형은 cloths예요.

332 outside [àutsáid]
- 부 전 밖에(서) / ~ 밖에 (반) inside 명 바깥쪽, 외부 (반) inside
- The kids are playing **outside**. 아이들이 밖에서 놀고 있다.
- We waited **outside** the store. 우리는 가게 밖에서 기다렸다.
- wash the **outside** of a car 차의 외부를 닦다

›› hate sour tastes 신맛을 싫어하다

333 hate [heit]
- 동 몹시 싫어하다 (반) love
- I **hate** onions. 나는 양파가 정말 싫다.

334 sour [sauər]
- 형 1 (맛이) 신, 시큼한 2 (우유 등이) 상한
- These apples are **sour**. 이 사과들은 맛이 시다.
- The milk went **sour**. 우유가 상했다.

335 taste [teist]
- 명 맛 동 맛이 나다
- Have a **taste** of this cheese. 이 치즈의 맛을 봐.
- Mmm! This **tastes** good! 음! 이것은 맛이 좋군!
- tasty 형 맛있는

주제: 느낌과 감각

336 smell [smel]
동 냄새가 나다; 냄새를 맡다 명 냄새
The soup **smells** good. 그 수프는 좋은 냄새가 난다.
She **smelled** the flowers. 그녀는 그 꽃들의 냄새를 맡았다.
a sweet **smell** 달콤한 냄새

337 bark [bɑːrk]
동 (개 등이) 짖다
The dog **barked** at us. 개가 우리를 보고 짖어 댔다.
Plus+ · bark at ~에게 짖어 대다

338 soft [sɔːft]
형 부드러운 반 hard
Silk feels **soft**. 실크는 촉감이 부드럽다.

339 spicy [spáisi]
형 매콤한, 자극적인 유 hot
Do you enjoy **spicy** food? 매운 음식을 즐기나요?

340 feel like
1 ~할 마음이 나다 2 ~처럼 느끼다
I **feel like** crying. 나는 울고 싶은 기분이다.
This **feels like** silk to me. 이것은 내게 실크처럼 느껴진다.

Word Link  Commonly Confused Words

 cloth : clothes

- Read and circle the correct word.

  1 Her coat is made of (cloth / clothes).

  2 I need to buy some winter (cloth / clothes).

Answers 1 cloth 2 clothes

DAILY TEST

정답 p.151

[01~08] 다음 우리말과 같은 뜻이 되도록 빈칸에 알맞은 단어를 쓰세요.

01 지난주   _____ week
02 손을 들다   _____ your hand
03 한국의 국가적 스포츠   a Korean _____ sport
04 이상한 소음을 내다   make _____ noises
05 좋은 꿈을 꾸다   have a good _____
06 상하다   go _____
07 부드러운 비단 천   a soft silk _____
08 옷을 갈아입다   change _____

[09~12] 다음 밑줄 친 부분의 반의어를 골라 연결하세요.

09 I just heard the bad news.   •   • ⓐ love
10 The desert is a hot and dry place.   •   • ⓑ good
11 The kids are playing outside.   •   • ⓒ inside
12 I hate onions.   •   • ⓓ wet

느낌과 감각

[13~17] 다음 빈칸에 알맞은 말을 넣어 단어맵을 완성하세요.

13 _____
   (개 등이) 짖다

14 _____
   부드러운

15 _____
   매콤한, 자극적인

16 _____
   냄새가 나다; 냄새

17 _____
   ~처럼 느끼다

DAY 17 • 083

DAY 18

>> **recycle plastic bottles** 플라스틱 병을 재활용하다

341 **recycle**
[riːsáikl]

동 (폐품을) 재활용[재생]하다
Cans are very easy to **recycle**. 깡통은 재활용하기 쉽다.

342 **plastic**
[plǽstik]

명 플라스틱 형 플라스틱으로 된
Many toys are made of **plastic**. 많은 장난감들이 플라스틱으로 만들어진다.
a **plastic** bag/cup 비닐봉지/플라스틱 컵

343 **bottle**
[bátl]

명 1 병 2 한 병(의 양)
Fill the **bottle** with water. 병에 물을 채워라.
a **bottle** of water 물 한 병

>> **win second prize in the beauty contest** 미인 대회에서 2등상을 타다

344 **second**
[sékənd]

형 두 번째의 명 1 (시간 단위의) 초 2 잠깐
The player scored a **second** goal. 그 선수는 두 번째 골을 넣었다.
One minute has sixty **seconds**. 1분은 60초이다.
Wait a **second**. 잠깐 기다려줘.
참고 hour 한 시간; 시각, 시   minute 분

345 **prize**
[praiz]

명 상, 상품 ⊕ award
$500 is the **prize** for the winner. 500달러가 우승자를 위한 상이다.

346 **beauty**
[bjúːti]

명 1 아름다움, 미(美) 2 미인
The picture shows the **beauty** of nature.
그 사진은 자연의 아름다움을 보여준다.
She is a great **beauty**. 그녀는 굉장한 미인이다.
beautiful 형 아름다운

347 **contest**
[kántest]

명 대회, 콘테스트
Will you enter the singing **contest**? 너는 노래 경연 대회에 참가할 거니?

park/speed in a school zone 스쿨존에(서) 주차하다/속도를 내다

348 park [pɑːrk]
- 명 공원 동 주차하다
- He sat on a **park** bench. 그는 공원 벤치에 앉았다.
- You can't **park** here. 여기에 주차하면 안 됩니다.

349 speed [spiːd]
- 명 속도 동 (sped-sped) 빨리 가다
- He drove at a **speed** of 60 km/h.
  그는 시속 60킬로미터의 속도로 차를 몰았다.
- **speed** away on a bike 자전거를 타고 재빨리 가버리다

350 zone [zoun]
- 명 지역, 구역 유 area
- This is a no parking **zone**. 이곳은 주차 금지 구역이다.

a boring person/story/speech 지루한 사람/이야기/연설

351 boring [bɔ́ːriŋ]
- 형 재미없는, 지루한 반 interesting
- The movie was so **boring**. 그 영화는 너무 재미없었다.

352 bored [bɔːrd]
- 형 지루해[따분해]하는
- I was **bored** during the movie.
  나는 영화가 상영되는 동안 지루했다.

> **Word Link**
> 어떤 것이 나를 지루하게 만들 때는 boring, 어떤 것에 내가 지루함을 느낄 때는 bored를 써요.

353 person [pə́ːrsn]
- 명 (개개의) 사람, 개인
- He is a very nice **person**. 그는 매우 좋은 사람이다.
- 참고 people 사람들; 국민

354 story [stɔ́ːri]
- 명 1 이야기 2 (건물의) 층
- She told an interesting **story**. 그녀는 재미있는 이야기를 했다.
- a 50-**story** building 50층 건물

355 speech [spiːtʃ]
- 명 연설
- He gave a short **speech** at the party. 그는 파티에서 짧은 연설을 했다.
- speak 동 이야기하다, 말하다; 연설하다

주제: 날씨와 정도

356 raindrop [réindràp]
명 빗방울
A **raindrop** fell on my face. 비 한 방울이 얼굴에 떨어졌다.

357 storm [stɔːrm]
명 폭풍, 폭풍우
A huge **storm** is coming. 거대한 폭풍이 몰려오고 있다.

358 heavily [hévili]
부 (양·정도가) 심하게[아주 많이]
It is snowing **heavily**. 눈이 많이 내리고 있다.
heavy 형 무거운; (양·정도가) 많은, 심한

359 terrible [térəbl]
형 1 끔찍한 2 심한
The weather is **terrible** today. 오늘 날씨가 끔찍하다[너무 안 좋다].
have a **terrible** cold 심한 감기에 걸리다
terribly 부 몹시

360 take off
1 ~을 벗다 <반> put on 2 (비행기가) 이륙하다
It was hot, so I **took off** my coat. 더워서, 나는 코트를 벗었다.
The plane **took off** an hour late because of bad weather.
날씨가 안 좋아서 비행기는 한 시간 늦게 이륙했다.

Commonly Confused Words

boring not interesting
bored feeling tired and unhappy

- Read and complete the sentences.

  1 I felt _____, so I watched TV.

  2 The story was very _____.

Answers 1 bored 2 boring

DAILY TEST

정답 p.151

[01~09] 다음 우리말과 같은 뜻이 되도록 빈칸에 알맞은 단어를 쓰세요.

01 우승자를 위한 상품   the _____ for the winner
02 시속 60킬로미터의 속도   a _____ of 60 km/h
03 매우 좋은 사람   a very nice _____
04 물 한 병   a _____ of water
05 짧은 연설을 하다   give a short _____
06 지루한 영화   a _____ movie
07 플라스틱으로 만들어지다   be made of _____
08 주차 금지 구역   a no parking _____
09 노래 경연 대회에 참가하다   enter the singing _____

[10~13] 다음 밑줄 친 말에 유의하여 다음 어구 또는 문장을 해석하세요.

10 a 50-<u>story</u> building   _____
11 One minute has sixty <u>seconds</u>.   _____
12 You can't <u>park</u> here.   _____
13 She is a great <u>beauty</u>.   _____

날씨와 정도

[14~18] 다음 빈칸에 알맞은 말을 넣어 단어맵을 완성하세요.

14 _____ 폭풍, 폭풍우
15 _____ 끔찍한; 심한
16 _____ (양·정도가) 심하게
17 _____ 빗방울
18 _____ ~을 벗다; (비행기가) 이륙하다

DAY 18 • 087

DAY 19

>> **wrap** all the **glass** in **newspaper** 유리를 모두 신문지에 싸다

361 wrap
[ræp]

동 1 싸다, 포장하다 2 (몸을) (감)싸다

I **wrapped** the present in gold paper. 나는 금색 종이에 선물을 포장했다.

362 glass
[glæs]

명 1 유리 2 유리잔 3 (-es) 안경

I cut my finger on a piece of **glass**. 나는 유리 조각에 손가락을 베였다.

He wears **glasses**. 그는 안경을 쓴다.

363 newspaper
[nú:zpèipər]

명 1 신문 2 신문지

I read a **newspaper** every day. 나는 매일 신문을 읽는다.

>> **deliver/mail** a **letter** 편지를 배달하다/부치다

364 deliver
[dilívər]

동 (물건 등을) 배달하다

Jim **delivers** newspapers every morning.
짐은 매일 아침 신문을 배달한다.

delivery 명 (물건·편지 등의) 배달

365 mail
[meil]

명 우편(물) 동 (우편으로) 보내다[부치다]

Has the **mail** arrived yet? 우편물이 도착했나요?

mail a birthday card to my uncle 삼촌에게 생일 카드를 부치다

Word Link
'우편(물)'의 의미로, 보통 미국에서는 mail을, 영국에서는 post를 사용해요.

366 post
[poust]

명 우편(물)

동 1 (우편물을) 부치다 2 (웹사이트에) 게시하다

She opened her **post**.
그녀는 그녀의 우편물을 열어보았다.

post a picture on the website 웹사이트에 사진을 게시하다

367 letter
[létər]

명 1 편지 2 글자, 문자

He wrote a **letter** to his friend. 그는 친구에게 한 통의 편지를 썼다.

B is the second **letter** of the alphabet. B는 알파벳의 두 번째 글자이다.

≫ design a huge building/stadium 커다란 건물을/경기장을 설계하다

368 design [dizáin]
- 명 디자인 동 디자인하다, 설계하다
- I like the **design** of this sofa. 나는 이 소파의 디자인이 마음에 든다.
- **design** a dress 드레스를 디자인하다
- designer 명 디자이너

369 huge [hjuːdʒ]
- 형 (크기·정도가) 엄청난, 거대한
- He baked a **huge** chocolate cake for me.
- 그는 나를 위해 거대한 초콜릿 케이크를 구웠다.

370 building [bíldiŋ]
- 명 건물[빌딩]
- Do you see the tall **building**? 저 높은 건물이 보이세요?
- build 동 짓다, 세우다

371 stadium [stéidiəm]
- 명 경기장, 스타디움
- Denver has a new baseball **stadium**. 덴버에는 새로 지은 야구장이 있다.
- a home **stadium** 홈 경기장[홈구장]

≫ choose a new president of a country 나라의 새 대통령을 선택하다

372 choose [tʃuːz]
- 동 (chose-chosen) 선택하다, 고르다 ≒ pick
- He **chose** two books from the library. 그는 도서관에서 책 두 권을 골랐다.
- choice 명 선택(하는 행동); 선택권

373 new [nuː]
- 형 새, 새로운 ↔ old
- I bought a **new** shirt. 나는 새 셔츠를 샀다.

374 president [prézədənt]
- 명 1 대통령 2 (은행·회사의) 회장[-장]
- the **President** of the United States 미국의 대통령
- the **president** of General Motors GM[제너럴 모터스]의 회장

375 country [kʌ́ntri]
- 명 1 나라 ≒ nation 2 (the ~) 시골
- China is a **country** in Asia. 중국은 아시아에 있는 나라이다.
- live in the **country** 시골에 살다

주제 ▶ 학교 수업

376 report [ripɔ́ːrt]
몡 보고(서) 동 보고하다
I wrote a book **report**. 나는 책 보고서[독후감]를 썼다.
report on the results 결과에 대해 보고하다
reporter 몡 기자, 리포터

377 review [rivjúː]
동 (재)검토하다 몡 1 검토 2 논평[비평]
Review the report before you hand it in.
보고서를 제출하기 전에 다시 검토해봐.
receive good **reviews** 호평을 받다

378 level [lévəl]
몡 수준, 단계
This is an intermediate-**level** vocabulary book.
이것은 중급 수준의 단어 교재이다.

379 quiz [kwiz]
몡 1 (간단한) 시험[테스트] 2 퀴즈
I'm worried about the math **quiz**. 나는 수학 시험이 걱정된다.
a television **quiz** show 텔레비전 퀴즈 프로그램

380 hand in
~을 제출하다
You have to **hand in** your homework today.
너는 오늘 네 숙제를 제출해야 해.

Word Link — Words with Multiple Meanings

 meaning 1 post meaning 2 post

- Read and choose the correct meaning.

  1 I **posted** the card a week ago.　　ⓐ meaning 1　ⓑ meaning 2

  2 I **posted** a picture on the website.　　ⓐ meaning 1　ⓑ meaning 2

Answers 1 b 2 a

DAILY TEST

[01~12] 영어는 우리말로, 우리말은 영어로 쓰세요.

01 stadium _____
02 president _____
03 huge _____
04 level _____
05 wrap _____
06 design _____

07 건물[빌딩] _____
08 편지; 글자, 문자 _____
09 (물건 등을) 배달하다 _____
10 신문; 신문지 (종이) _____
11 유리; 유리잔; 안경 _____
12 새, 새로운 _____

[13~15] 다음 밑줄 친 부분과 바꿔 쓸 수 있는 알맞은 표현을 고르세요.

13 He chose two books from the library.
ⓐ picked   ⓑ wrapped   ⓒ delivered

14 Has the mail arrived yet?
ⓐ design   ⓑ review   ⓒ post

15 China is a country in Asia.
ⓐ stadium   ⓑ nation   ⓒ city

학교 수업

[16~20] 다음 빈칸에 알맞은 말을 넣어 단어맵을 완성하세요.

16 _____ 수준, 단계
17 _____ (재)검토하다; 검토
18 _____ (간단한) 시험[테스트]
19 _____ 보고서
20 _____ ~을 제출하다

DAY 20

>> **have a choice between two brands** 두 브랜드 사이에서 선택하다

381 choice [tʃɔis]

명 1 선택(하는 행동) 2 선택권

He made a good **choice**. 그는 좋은 선택을 했다.
I had no **choice**. 내게는 선택권이 없었다.
choose 동 선택하다, 고르다

382 between [bitwíːn]

전 |위치·시간·선택| ~ 사이에

I sat down **between** Tom and Sue. 나는 톰과 수 사이에 앉았다.
between 9 and 10 o'clock 9시와 10시 사이에

383 brand [brænd]

명 상표, 브랜드

What clothing **brand** do you like? 당신은 어떤 의류 브랜드를 좋아합니까?

>> **move to another city** 다른 도시로 이사하다

384 move [muːv]

동 1 움직이다 2 이사하다

I can't **move** my fingers. 나는 손가락을 움직일 수가 없다.
move to Boston 보스턴으로 이사하다

385 another [ənʌ́ðər]

형 1 또 하나의 2 다른 대 또 하나의 것[사람]

How about **another** cup of tea? 차 한 잔 더 어때요?
another time/day 다른 때/날에
This cup is too small. Can you bring me **another**?
이 컵은 너무 작아. 내게 또 다른 것을 갖다줄 수 있어?

386 city [síti]

명 도시

London is a big **city**. 런던은 큰 도시이다.

387 town [taun]

명 (소)도시, 마을

Is there a university in this **town**?
이 소도시에는 대학이 있나요?

> **Word Link**
> town은 '소규모의 도시'로, 'city(도시)'보다는 작고 'village(시골 마을)'보다는 커요.

›› serve cheap and tasty meals 싸고 맛있는 식사를 제공하다

388 serve [səːrv]
동 1 (음식을) 제공하다 2 (손님을) 응대하다
When do you **serve** breakfast? 아침 식사는 언제 제공하나요?
The waiter **served** us well. 그 웨이터는 우리를 잘 응대해 주었다.

389 cheap [tʃiːp]
형 (값이) 싼 반 expensive
My shoes are very **cheap** – they only cost $10.
내 신발은 매우 값이 싸다. 단돈 10달러이다.

390 tasty [téisti]
형 맛있는 유 delicious
He makes **tasty** desserts. 그는 맛있는 디저트를 만든다.
taste 명 맛 동 맛이 나다

391 meal [miːl]
명 식사, 끼니
Most people eat three **meals** a day.
대부분의 사람들은 하루에 세 끼를 먹는다.

›› thousands of people cheer/clap for the players 수천 명의 사람들이 선수들을 위해 응원하다/박수 치다

392 thousand [θáuzənd]
명 1,000, 천
The car cost about three **thousand** dollars.
그 차는 비용이 약 3천 달러쯤 들었다.
참고 thousands of 수천의

393 cheer [tʃiər]
동 환호하다; 응원하다
All the people **cheered** loudly. 모든 사람들이 크게 환호[응원]했다.

394 clap [klæp]
동 박수를 치다; (손뼉을) 치다
One man began to **clap**, and others joined in.
한 사람이 박수를 치기 시작하자, 다른 사람들도 합세했다.

395 player [pléiər]
명 1 (게임·경기 등의) 참가자[선수] 2 연주자
He is a famous tennis **player**. 그는 유명한 테니스 선수이다.
a piano **player** 피아노 연주자
play 동 놀다; 경기하다; 연주하다

주제 ▶ 일과 직업

396 reporter [ripɔ́ːrtər]
몡 기자, 리포터
I'm working as a TV **reporter**. 나는 TV 리포터로 일하고 있다.
report 몡 보고(서) 동 보고하다

397 designer [dizáinər]
몡 디자이너
I want to be a fashion **designer**. 나는 패션 디자이너가 되고 싶어.
design 몡 디자인 동 디자인하다, 설계하다

398 vet [vet]
몡 수의사 동 veterinarian
She took her cat to the **vet**. 그녀는 고양이를 수의사에게 데려갔다.

399 nurse [nəːrs]
몡 간호사
The sick kid went to see the school **nurse**.
그 아픈 아이는 양호 선생님을 찾아갔다.

400 be good at
~을 잘하다
Many teachers **are good at** taking care of children.
많은 선생님들은 아이들 돌보는 것을 잘한다.

Word Link Village vs. Town vs. City

village   town   city

- Read and circle the correct word.

  1 A village is a small (town / city) in the country.

  2 LA is one of the biggest (towns / cities) in the US.

Answers 1 town 2 cities

DAILY TEST

정답 p.152

[01~05] 다음 단어들을 연결하여 어구를 완성하고 그 뜻을 쓰세요.

01 tasty • • ⓐ clap 뜻: _____
02 cheer • • ⓑ desserts 뜻: _____
03 a tennis • • ⓒ Boston 뜻: _____
04 begin to • • ⓓ player 뜻: _____
05 move to • • ⓔ loudly 뜻: _____

[06~09] 다음 우리말과 같은 뜻이 되도록 빈칸에 알맞은 단어를 쓰세요.

06 Most people eat three _____ a day.
   (대부분의 사람들은 하루에 세 끼를 먹는다.)

07 I sat down _____ Tom and Sue.
   (나는 톰과 수 사이에 앉았다.)

08 When do you _____ breakfast?
   (아침 식사는 언제 제공하나요?)

09 The car cost about three _____ dollars.
   (그 차는 비용이 약 3천 달러쯤 들었다.)

일과 직업

[10~14] 다음 빈칸에 알맞은 말을 넣어 단어맵을 완성하세요.

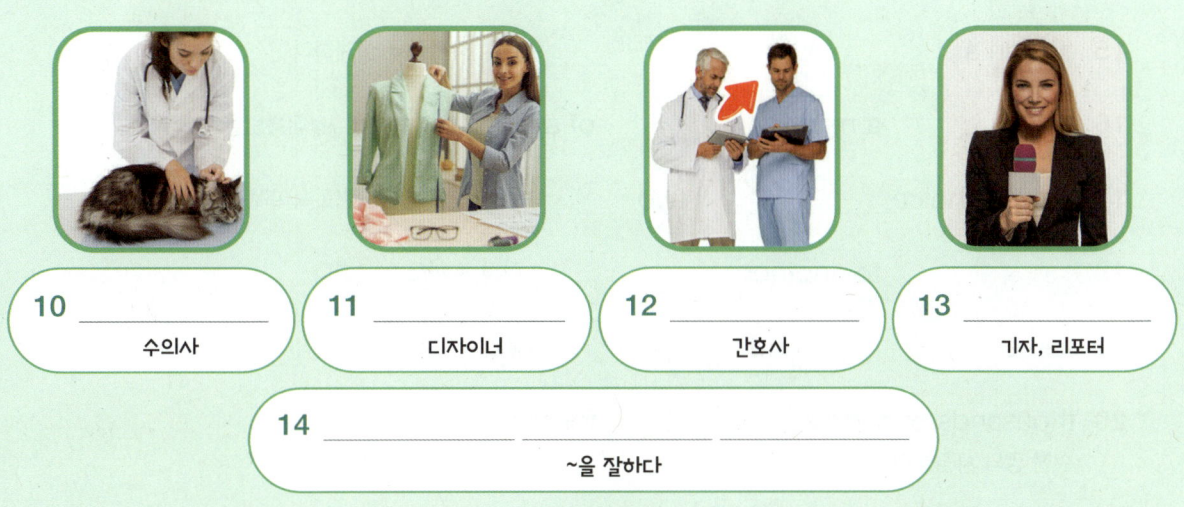

10 _____ 수의사
11 _____ 디자이너
12 _____ 간호사
13 _____ 기자, 리포터
14 _____ _____ _____ ~을 잘하다

DAY 20 • 095

REVIEW TEST DAY 16~20

정답 p.152

A 덩어리 표현 우리말에 맞게 빈칸을 채워 핵심 표현을 완성하세요.

01 _____ in the blanks _____ 아래 빈칸들을 채우다

02 _____ in _____ 패션에 관심이 있는

03 _____ cancel tonight's _____ 갑자기 오늘 밤 경기를 취소하다

04 _____ _____ activities for kids 아이들을 위한 재미있는 야외 활동

05 raise a _____ _____ 국기를 게양하다

06 had a _____ dream _____ night 지난밤 이상한 꿈을 꿨다

07 _____ _____ clothes outside 젖은 옷을 밖에서 말리다

08 _____ _____ tastes 신맛을 싫어하다

09 _____ _____ bottles 플라스틱 병을 재활용하다

10 win second prize in the _____ _____ 미인 대회에서 2등상을 타다

11 _____ in a school _____ 스쿨존에 주차하다

12 a _____ _____ 지루한 연설

13 _____ all the glass in _____ 유리를 모두 신문지에 싸다

14 _____ a _____ 편지를 배달하다

15 design a _____ _____ 커다란 경기장을 설계하다

16 _____ a new _____ of a country 나라의 새 대통령을 선택하다

17 have a choice _____ two _____ 두 브랜드 사이에서 선택하다

18 _____ to another _____ 다른 도시로 이사하다

19 serve _____ and _____ meals 싸고 맛있는 식사를 제공하다

20 thousands of people _____ for the _____
수천 명의 사람들이 선수들을 위해 응원하다

B 주제별 어휘 — 우리말에 맞게 빈칸을 채워 문장을 완성하세요.

시간의 흐름

01 Owls are not active during the _____.
부엉이들은 낮 동안에 활동적이지 않다.

02 He hung a new _____ on the wall.
그는 벽에 새 달력을 걸었다.

느낌과 감각

03 Silk feels _____.
실크는 촉감이 부드럽다.

04 Do you enjoy _____ food?
매운 음식을 즐기나요?

날씨와 정도

05 A huge _____ is coming.
거대한 폭풍이 몰려오고 있다.

06 The weather is _____ today.
오늘 날씨가 끔찍하다[너무 안 좋다].

학교 수업

07 This is an intermediate-_____ vocabulary book.
이것은 중급 수준의 단어 교재다.

08 I'm worried about the math _____.
나는 수학 시험이 걱정된다.

일과 직업

09 I'm working as a TV _____.
나는 TV 리포터로 일하고 있다.

10 She took her cat to the _____.
그녀는 고양이를 수의사에게 데려갔다.

C Word Link — 다음 문맥에 알맞은 표현을 고르세요.

01 Can we call television (art / artist)?

02 I (mailed / posted) a picture on the website.

03 I need to buy some winter (cloth / clothes).

04 A village is a small (town / city) in the country.

05 I felt (bored / boring) so I watched TV.

DAY 11~20 CUMULATIVE TEST

[01~30] 다음 단어의 뜻을 쓰세요.

01 popular
02 at
03 nation
04 during
05 habit
06 fresh
07 false
08 wonder
09 company
10 holiday
11 until
12 culture
13 address
14 than
15 poor
16 below
17 cancel
18 continue
19 flag
20 hate
21 sour
22 bottle
23 bored
24 speech
25 wrap
26 huge
27 quiz
28 serve
29 tasty
30 cheer

[31~40] 다음 뜻을 가진 단어를 쓰세요.

31 아픈, 병든
32 깨진; 고장 난
33 정보, 자료
34 휴일, 공휴일
35 비밀
36 갑자기
37 옷, 의복
38 공원; 주차하다
39 (물건 등을) 배달하다
40 수의사

[41~45] 다음 숙어의 뜻을 쓰세요.

41 believe in
42 by the way
43 take care of
44 on time
45 take off

Vocabulary for Comprehension

Two Pills
추리 극장 2

In a small town, someone **keeps** taking people away. He gives them two pills, both looking the same. He says one won't do anything **bad**, but the other will. Then, he takes the pill they don't **choose**. Sadly, everyone who takes the pill with water dies.

Many people **wonder**, "how does he always pick the good pill?"

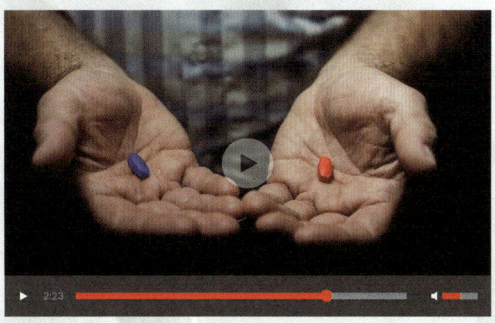

★ Think about it. Then watch the video and check your answer.

1 In this passage, the meaning of **keep** is …
   a. to hold.   b. to continue.   c. to stay.   d. to stop.

2 What is the opposite of **bad**?
   a. useful   b. terrible   c. strange   d. good

3 What is another word for **choose**?
   a. pick   b. hate   c. taste   d. raise

4 The word **wonder** means to want …
   a. to guess.   b. to know.   c. to end.   d. to solve.

두 개의 알약 어느 작은 마을에서, 누군가 사람들을 계속 데려 간다. 그는 그들에게 두 개의 알약을 주는데, 둘 다 똑같이 생겼다. 하나는 어떤 해도 끼치지 않지만, 다른 하나는 해가 될 거라고 그는 말한다. 그런 다음, 그는 상대가 선택하지 않은 알약을 먹는다. 안타깝게도, 물과 함께 그 알약을 먹은 모든 사람들이 죽는다. 많은 이들은 어떻게 그는 항상 해가 없는 약을 선택하는지 궁금해한다.

Answers 1b 2d 3a 4d

DAY 21

>> **tie** a **rope** around a tree **trunk** 나무 몸통에 밧줄을 묶다

401 tie [tai]
동 묶다, 매다   명 넥타이
She **tied** her hair with a band.   그녀는 끈으로 머리를 묶었다.
wear a **tie** to work   넥타이를 매고 출근하다

402 rope [roup]
명 밧줄, 로프
The **rope** broke when I was climbing.
내가 오르고 있을 때, 밧줄이 끊어졌다.

403 trunk [trʌŋk]
명 1 (나무의) 몸통 2 (자동차의) 트렁크, 짐칸
The **trunk** of this tree is thick.   이 나무의 몸통은 두껍다.
open the **trunk** of a car   차의 트렁크를 열다

>> your **throat** hurts a **lot** 목이 많이 아프다

404 throat [θrout]
명 목구멍, 목
There is something in my **throat**.   내 목구멍에 뭔가 있다[뭔가 걸려 있다].

405 sore [sɔːr]
형 (조금만 닿아도) 아픈, 따가운
My feet were **sore** after the walk.
그렇게 걸은 후 나의 발은 아팠다.

Word Link
목이 붓고 아픈 증상의 감기를 '목감기'라고 하는데, 영어로 sore throat라고 표현해요.

406 hurt [həːrt]
동 (hurt-hurt) 1 다치게 하다 2 아프다
She **hurt** her finger.   그녀는 손가락을 다쳤다.
My back **hurts**.   내 허리가 아프다.

407 lot [lat]
대 (a lot, lots) (수·양이) 많음, 다량
We need a **lot** of food for the party.
우리는 파티용으로 많은 음식이 필요하다.
Drink **lots** of water.   많은 물을 마셔라.

›› discover a real treasure map 진짜 보물 지도를 발견하다

408 discover [diskʌ́vər]
통 발견하다 ⊕ find
Who **discovered** America? 누가 아메리카 대륙을 발견했나요?

409 real [ríːəl]
형 1 (허구가 아닌) 실제의 ⊕ true 2 (가짜가 아닌) 진짜의 ⊕ fake
This is a **real** story about the royal family.
이것은 그 왕가에 대한 실제 이야기이다.
Are those **real** flowers? 저것들은 진짜 꽃인가요?
really 부 실제[진짜]로; 아주[정말]

410 treasure [tréʒər]
명 1 보물 2 소중한 것[사람]
Where did you hide the **treasure**? 당신은 그 보물을 어디에 숨겼나요?
My aunt is a **treasure** to me. 우리 이모는 내게 소중한 사람이다.

411 map [mæp]
명 지도
Look at the **map** – we should turn left here.
지도를 봐. 우리는 여기서 좌회전해야 해.

›› record almost everything in a diary 일기에 거의 모든 것을 기록하다

412 record [rékərd]
명 (글 등으로 남긴) 기록 동 [rikɔ́ːrd] (정보 등을) 기록하다
There is no **record** of his death. 그의 죽음에 대한 기록이 없다.
A nurse **recorded** his weight. 간호사가 그의 몸무게를 기록했다.

413 almost [ɔ́ːlmoust]
부 거의
He's **almost** always late. 그는 거의 항상 지각을 한다.

414 everything [évriθiŋ]
대 모든 것, 모두
I ate **everything** on my plate. 나는 내 접시 위에 있는 모든 것을 먹었다.

415 diary [dáiəri]
명 일기(장)
Do you keep a **diary**? 당신은 일기를 쓰나요?
Plus+ · keep a diary 일기를 쓰다
참고 영국에서 diary는 앞으로 할 일을 적어 넣는 수첩을 뜻함.

주제 숫자와 계산

416 count [kaunt]
동 1 (총 수를) 세다, 계산하다 2 (수를 차례로) 세다
Count the forks on the table. 테이블 위에 있는 포크 수를 세라.
count from 1 to 10 1부터 10까지 세다

417 dozen [dʌzn]
명 (같은 물건의) 다스, 12개
I need a **dozen** pencils. 나는 연필 한 다스가 필요하다.
참고 **dozens of** 수십의

418 hundred [hʌ́ndrəd]
명 100, 백
The tree is over two **hundred** years old. 이 나무는 200년이 넘었다.
참고 **hundreds of** 수백의

419 million [míljən]
명 100만
The company made three **million** dollars last year.
그 회사는 작년에 3백만 달러를 벌었다.
참고 **millions of** 수백만의

420 at last
마침내 유 finally
At last, the boy finished his math homework.
마침내, 그 소년은 자신의 수학 숙제를 끝냈다.

Word Link — Expressions Containing "sore"

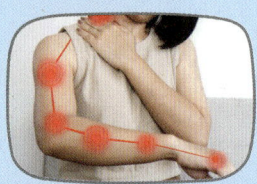
sore arm

sore foot

sore throat

- Read and complete the sentences.

  1 She has a cold and a terrible sore _____.

  2 My left _____ was sore after throwing a ball.

Answers 1 throat 2 arm

DAILY TEST

정답 p.152

[01~06] 다음 주어진 철자의 순서를 바로잡은 후 알맞은 의미와 연결하세요.

01 rose → _____
02 mpa → _____
03 erpo → _____
04 htru → _____
05 eit → _____
06 tlo → _____

ⓐ (조금만 닿아도) 아픈, 따가운
ⓑ 묶다, 매다; 넥타이
ⓒ (수·양이) 많음, 다량
ⓓ 지도
ⓔ 밧줄, 로프
ⓕ 다치게 하다; 아프다

[07~12] 다음 빈칸에 알맞은 말을 골라 쓰세요.

| treasure | trunk | throat | real | discovered | record |

07 This is a _____ story about the royal family.
08 Who _____ America?
09 The _____ of this tree is thick.
10 There is no _____ of his death.
11 Where did you hide the _____?
12 There is something in my _____.

숫자와 계산

[13~17] 다음 빈칸에 알맞은 말을 넣어 단어맵을 완성하세요.

13 _____ 100만
14 _____ (총 수를) 세다, 계산하다
15 _____ (같은 물건의) 다스, 12개
16 _____ 100, 백
17 _____ 마침내

DAY 21

DAY 22

>> **hide** your **true feelings** 본심을 숨기다

421 **hide**
[haid]

동 (hid-hidden) **1** 감추다[숨기다] **2** 숨다
Let's **hide** the present in the closet. 선물을 그 벽장 안에 감춰두자.
Harry **hid** under the bed. 해리는 침대 밑에 숨었다.

422 **true**
[truː]

형 **1** 사실인, 맞는 반 false **2** 진짜의 유 real
This is a **true** story. 이것은 실제 이야기이다[실화다].
own a **true** diamond 진짜 다이아몬드를 소유하다
truth 명 진실, 사실

423 **feeling**
[fíːliŋ]

명 **1** 느낌[기분] **2** (-s) 감정
I have a bad **feeling** about this. 이번 일에 대한 느낌이 안 좋다.
hurt your **feelings** 감정[마음]을 상하게 하다
feel 동 (촉감으로) 느끼다; (기분·감정 등이) 들다

>> a **wonderful view** from the **tower/window** 타워에서/창문에서 보이는 멋진 경치

424 **wonderful**
[wʌ́ndərfəl]

형 멋진, 훌륭한
I had a **wonderful** time on my vacation. 나는 휴가 때 멋진 시간을 보냈다.
wonder 동 궁금하다 명 놀라움, 경탄

425 **view**
[vjuː]

명 **1** 견해, 의견 유 opinion **2** 경치, 전망
People have different **views** on the matter.
사람들은 그 문제에 대해 다른 견해를 가지고 있다.
a room with a **view** of the sea 바다 전망의 객실

426 **tower**
[táuər]

명 탑, 타워
The Eiffel **Tower** is in France. 에펠탑은 프랑스에 있다.

427 **window**
[wíndou]

명 **1** 창문 **2** (컴퓨터 화면의) 창
I looked out the **window**. 나는 창문 밖을 보았다.
close all the **windows** on the computer 컴퓨터의 모든 창을 닫다

» have **nothing** to **say** on the **matter** 그 문제에 대해 말할 것이 없다

428 nothing [nʌ́θiŋ]
대 아무것도 ~ 아니다[없다]
There is **nothing** in the box. 그 상자 안에는 아무것도 없다.

429 anything [éniθiŋ]
대 1 |의문문·부정문| 무엇인가, 아무것도
　　2 |긍정문| 무엇이든
Do you see **anything**? 무언가 보이나요?
There is not **anything** in the box. 그 상자 안에는 아무것도 없다.
I'll do **anything** for you. 나는 너를 위해 무엇이든 할 것이다.

Word Link
nothing은 「not ~ anything」으로 바꿔 쓸 수 있어요.

430 say [sei]
동 (said-said) 말하다
How do you **say** "water" in Korean? "water"를 한국말로 어떻게 말하나요?

431 matter [mǽtər]
명 문제, 일 동 문제가 되다, 중요하다
We need to discuss this **matter** now.
우리는 이 문제를 지금 논의해야 한다.
It doesn't **matter** to me. 그것은 내게 중요하지 않다.

» the **main cause** of **death**/a **headache** 사망의/두통의 주된 원인

432 main [mein]
형 주된, 주요한
What is the **main** topic of the book? 그 책의 주요한 토픽은 무엇인가?

433 cause [kɔːz]
명 원인 반 result 동 ~의 원인이 되다, ~을 초래하다
A cigarette was the **cause** of the fire. 담배가 화재의 원인이었다.
cause a car crash 교통사고를 초래하다

434 death [deθ]
명 죽음, 사망
a matter of life and **death** 생사가 걸린 문제
die 동 죽다 dead 형 죽은

435 headache [hédèik]
명 두통
I have a **headache**. 나는 두통이 있다.

주제: 성격묘사

436 brave [breiv]
형 용기 있는, 용감한
The **brave** firefighter saved a kid from the fire.
그 용감한 소방관이 화재에서 아이를 구했다.

437 honest [άnist]
형 1 정직한 2 솔직한
They are **honest** people. 그들은 정직한 사람들이다.
give an **honest** answer 솔직한 대답을 하다

438 wise [waiz]
형 현명한, 지혜로운
learn something from **wise** men 현명한 사람들로부터 뭔가를 배우다
wisdom 명 지혜, 현명함

439 clever [klévər]
형 영리한 유 smart, bright
She is very **clever** and does well in school.
그녀는 매우 영리해서, 학교에서도 잘 한다[공부를 잘 한다].

440 give up
포기하다
I'll never **give up** my dream. 나는 절대 내 꿈을 포기하지 않을 것이다.

Word Link — Usage of Anything and Nothing

There is **nothing** in the box.
= There is **not anything** in the box.

• Complete the sentence with the same meaning.

I have nothing in my bag.

= I _____ _____ _____ in my bag.

Answers don't, have, anything

DAILY TEST

정답 p.152

[01~08] 다음 우리말과 같은 뜻이 되도록 빈칸에 알맞은 단어를 쓰세요.

01 감정[마음]을 상하게 하다   hurt your _____
02 이 문제를 논의하다   discuss this _____
03 두통이 있다   have a _____
04 그 책의 주요한 토픽   the _____ topic of the book
05 그 선물을 숨기다   _____ the present
06 창문 밖을 보다   look out the _____
07 생사가 걸린 문제   a matter of life and _____
08 멋진 시간을 보내다   have a _____ time

[09~12] 다음 밑줄 친 부분과 바꿔 쓸 수 있는 알맞은 표현을 골라 연결하세요.

09 A cigarette was the <u>cause</u> of the fire.   ⓐ real
10 own a <u>true</u> diamond   ⓑ opinions
11 She is very <u>clever</u> and does well in school.   ⓒ bright
12 People have different <u>views</u> on the matter.   ⓓ reason

성격묘사
[13~17] 다음 빈칸에 알맞은 말을 넣어 단어맵을 완성하세요.

13 _____ 영리한
14 _____ 용기 있는, 용감한
15 _____ 정직한; 솔직한
16 _____ 현명한, 지혜로운
17 _____ 포기하다

DAY 23

≫ lift/throw a rock 돌을 들어 올리다/던지다

441 lift [lift]
동 (들어)올리다 ⓤ raise
The sick boy **lifted** his head slowly. 그 아픈 소년은 천천히 고개를 들었다.
lift a heavy bag 무거운 가방을 들어 올리다

442 throw [θrou]
동 (threw-thrown) 던지다
He **threw** me the ball, but I couldn't catch it.
그가 내게 공을 던졌지만, 나는 그것을 잡을 수 없었다.

443 rock [rak]
명 바위, 돌 ⓤ stone
Crabs live under **rocks**.
게들은 바위 밑에서 산다.

≫ my favorite part of the musical/film 그 뮤지컬에서/영화에서 내가 가장 좋아하는 부분

444 favorite [féivərit]
형 가장 좋아하는
Apples are my **favorite** fruit. 사과는 내가 가장 좋아하는 과일이다.

445 part [pɑːrt]
명 1 일부, 약간 2 부분
Part of the painting was burned in a fire.
그 그림의 일부가 화재로 불 탔다.
the last **part** of a book 책의 마지막 부분

446 musical [mjúːzikəl]
형 음악의, 음악적인 명 뮤지컬
The two musicians play very different **musical** styles.
그 두 뮤지션은 매우 다른 음악 스타일을 연주한다.
He is in the new **musical**. 그는 그 새 뮤지컬에 출연한다.
music 명 음악

447 film [film]
명 영화 ⓤ movie
What **film** did you see yesterday? 너는 어제 무슨 영화를 봤어?
참고 '영화'를 일컬어 영국에서는 **film**, 미국에서는 주로 **movie**라고 함.

▶▶ still ill with a fever 여전히 열이 나서 아픈

448 still [stil]
- 🟩부 아직도, 여전히 🟩형 가만히 있는
- She is **still** sleeping. 그녀는 아직 자고 있다.
- sit **still** 가만히 앉아 있다

449 ill [il]
- 🟩형 아픈, 건강이 나쁜 ⊕ sick ⊖ healthy
- Emma can't come – she's **ill**. 엠마는 올 수 없어요. 그녀는 아파요.
- **illness** 🟩명 병, 질병

450 illness [ílnis]
- 🟩명 병, 질병
- He died after a long **illness**.
- 그는 오랜 병을 앓다가 죽었다.
- **ill** 🟩형 아픈, 몸[기분]이 안 좋은

> **Word Link**
> 형용사에 '상태'를 나타내는 -ness를 붙여, 명사를 만들 수 있어요. illness는 '아픈 상태' 즉 "병"을 뜻해요.

451 fever [fíːvər]
- 🟩명 (병으로 인한) 열
- The boy has a high **fever**.
- 그 소년은 고열이 있다.

▶▶ create a cute cartoon character 귀여운 만화 캐릭터를 만들어 내다

452 create [kriéit]
- 🟩동 창조하다, 만들어 내다
- The chef **created** a new dish. 그 요리사는 새로운 요리를 만들어 냈다.
- **creative** 🟩형 창의[창조]적인

453 cute [kjuːt]
- 🟩형 귀여운, 예쁜
- Look at that **cute** puppy! 저 귀여운 강아지를 봐!

454 cartoon [kaːrtúːn]
- 🟩명 만화; 만화 영화
- I like drawing **cartoons**. 나는 만화 그리는 것을 좋아한다.
- watch **cartoons** on TV 텔레비전에서 만화 영화를 보다

455 character [kǽriktər]
- 🟩명 1 성격, 기질 2 (책·영화 등의) 등장인물
- He has a good **character**. 그는 성격이 좋다.
- have a strong/weak **character** 기질이 강하다/약하다
- main **characters** in a movie 영화 속 주요 등장인물들

DAY 23

| 주제 | **인간관계** |

456 friendly [fréndli]
형 친절한, 다정한
She is **friendly** to her neighbors. 그녀는 이웃에게 친절하다.

457 dear [diər]
형 1 소중한 2 (편지 첫머리에) ~에게[께]
His daughter is very **dear** to him. 그의 딸은 그에게 매우 소중하다.
Dear Mr. Johnson 존슨 씨에게

458 friendship [fréndʃip]
명 우정
A strong **friendship** grew between them.
그들 사이에 강한 우정이 싹텄다.

459 role [roul]
명 역할, 임무
I had an important **role** in the meeting.
나는 그 모임에서 중요한 역할을 했다.

460 count on
~을 믿다[의지하다]
"I'm sure she'll help me." "Don't **count on** it."
"나는 그녀가 날 도와줄 거라 확신해." "그럴 거라 믿지 마."

Word Link — Nouns with the -ness Ending

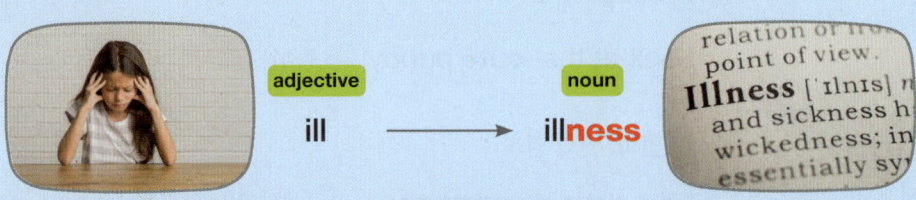

adjective: ill → noun: ill**ness**

- Read and complete the sentences.

  1 Flu can be a serious _____.

  2 Tim can't come because he is _____.

Answers 1 illness 2 ill

DAILY TEST

정답 p.153

[01~10] 우리말은 영어로, 영어는 우리말로 쓰세요.

01 musical _____
02 cartoon _____
03 part _____
04 still _____
05 create _____

06 가장 좋아하는 _____
07 (병으로 인한) 열 _____
08 귀여운, 예쁜 _____
09 병, 질병 _____
10 던지다 _____

[11~14] 다음 밑줄 친 부분과 바꿔 쓸 수 있는 알맞은 표현을 고르세요.

11 The sick boy lifted his head slowly.
 ⓐ created　　ⓑ raised　　ⓒ throwed

12 Crabs live under rocks.
 ⓐ sea　　ⓑ roles　　ⓒ stones

13 Emma can't come – she's ill.
 ⓐ sick　　ⓑ cute　　ⓒ still

14 What film did you see yesterday?
 ⓐ cartoon　　ⓑ part　　ⓒ movie

인간관계

[15~19] 다음 빈칸에 알맞은 말을 넣어 단어맵을 완성하세요.

15 _____ 우정
16 _____ 역할, 임무
17 _____ 친절한, 다정한
18 _____ 소중한
19 _____ ~을 믿다[의지하다]

DAY 24

>> **introduce** Jeju **Island** to **foreigners** 외국인들에게 제주도를 소개하다

461 **introduce**
[ìntrədúːs]

동 (모르던 것·사람을) 소개하다

First, let me **introduce** myself. 먼저, 제 소개를 하겠습니다.

She **introduced** chess to me when I was very young.
내가 아주 어렸을 때, 그녀는 내게 체스를 소개했다.

introduction 명 소개

462 **island**
[áilənd]

명 섬

He lives on an **island** in the Caribbean.
그는 카리브해에 있는 섬에 산다.

463 **foreigner**
[fɔ́ːrənər]

명 외국인

A lot of **foreigners** visit Seoul every year.
매년 많은 외국인들이 서울을 방문한다.

foreign 형 외국의

>> have **trouble** finding a **gate** 입구를 찾는 데 어려움을 겪다

464 **trouble**
[trʌ́bl]

명 어려움, 문제 유 difficulty

I have **trouble** with math. 나는 수학에 어려움을 겪고 있다.

Plus+ · have trouble with ~에[로] 어려움을 겪다

465 **find**
[faind]

동 (found-found) 찾다, 발견하다 유 discover

Alex **found** his lost watch. 알렉스는 잃어버린 시계를 찾았다.

466 **gate**
[geit]

명 문, 출입문

She closed the garden **gate**. 그녀는 정원 문을 닫았다.

467 **airport**
[ɛ́ərpɔːrt]

명 공항

The plane took off from the **airport**.
그 비행기가 공항에서 이륙했다.

Word Link
비행기로 이동하기 전, 티켓 등을 확인하는 곳을 영어로 '게이트(gate)'라고 해요.

» let me check the facts later 나중에 사실을 확인해 보겠습니다

468 let
[let]

⑧ (let-let) 1 ~하게 놓아두다, ~하도록 허락하다 2 (let's) ~하자

Mom doesn't **let** me eat candy. 엄마는 내가 사탕을 먹도록 놓아두지 않는다.
Let's go out and play. 나가서 놀자.

469 check
[tʃek]

⑧ 확인하다; 점검하다 ⑲ 확인; 점검

I **check** my email every morning. 나는 매일 아침 이메일을 확인한다.
check the car tires 그 자동차 타이어들을 점검하다

470 fact
[fækt]

⑲ 사실

The book has interesting **facts** about space.
그 책에는 우주에 관한 흥미로운 사실들이 담겨 있다.

471 later
[léitər]

⑼ 나중에, 후에

See you **later**. 나중에 봐.
return three years **later** 3년 후에 돌아오다

» have an important job interview tomorrow 내일 중요한 취업 면접이 있다

472 important
[impɔ́ːrtənt]

⑱ 중요한

Exercise is **important** for your health. 운동은 당신의 건강을 위해 중요하다.
importance ⑲ 중요성

473 job
[dʒab]

⑲ 1 일(자리), 직장 2 일[과제], 책임

He's looking for a new **job**. 그는 새 직장을 찾고 있다.
It's not my **job** to cook! 요리하는 건 내 일이 아니야!

474 interview
[íntərvjùː]

⑲ 면접; 인터뷰[회견]

I was so nervous before the **interview**. 나는 면접 전에 너무 긴장했다.
an **interview** with the president 대통령과의 인터뷰

475 tomorrow
[təmɔ́ːrou]

⑼ 내일 ⑲ 내일

I have to get up early **tomorrow**. 나는 내일 일찍 일어나야 한다.
참고 **yesterday** 어제   **today** 오늘

주제 | 스포츠

476 **score** [skɔːr]
명 득점, 점수 동 득점하다
What's the **score** now? 지금 점수가 어떻게 되지?
score a goal 한 골을 넣다[득점하다]

477 **teamwork** [tíːmwə̀ːrk]
명 팀워크, 협동 작업
We have good **teamwork**. 우리는 팀워크가 좋다.

478 **court** [kɔːrt]
명 1 법정, 법원 2 경기장, 코트
The matter will go to **court**. 그 문제는 법정으로 갈 것이다.
a tennis **court** 테니스 경기장

479 **excellent** [éksələnt]
형 뛰어난, 아주 훌륭한
He is an **excellent** soccer player. 그는 뛰어난 축구 선수이다.

480 **cheer up**
격려하다; 기운을 내다
We did our best to **cheer** him **up**. 우리는 최선을 다해 그를 격려했다.
Cheer up! Don't be sad. 기운 내! 슬퍼하지 마.

Word Link Words Related to the Airport

airport

gate

plane

• Read and complete the sentences.

1 The _____ took off from the _____.

2 People are waiting at _____ 6A.

Answers 1 plane, airport 2 gate

DAILY TEST

정답 p.153

[01~06] 다음 주어진 철자의 순서를 바로잡은 후 알맞은 의미와 연결하세요.

01 boj   → _____   •   • ⓐ 확인(하다); 점검(하다)
02 atcf   → _____   •   • ⓑ 일(자리), 직장; 일[과제], 책임
03 tlear → _____   •   • ⓒ ~하게 놓아두다, ~하도록 허락하다
04 lte   → _____   •   • ⓓ 사실
05 kecch → _____   •   • ⓔ 나중에, 후에
06 nfdi   → _____   •   • ⓕ 찾다, 발견하다

[07~12] 다음 빈칸에 알맞은 말을 골라 쓰세요.

> introduce   gate   foreigners   important   trouble   interview

07 Exercise is _____ for your health.
08 I was so nervous before the _____.
09 She closed the garden _____.
10 First, let me _____ myself.
11 I have _____ with math.
12 A lot of _____ visit Seoul every year.

스포츠
[13~17] 다음 빈칸에 알맞은 말을 넣어 단어맵을 완성하세요.

13 _____ 경기장, 코트
14 _____ 득점, 점수; 득점하다
15 _____ 팀워크
16 _____ 뛰어난, 아주 훌륭한
17 _____ 격려하다; 기운을 내다

DAY 25

>> **gather wood** for **fuel** 땔나무를 모으다

481 gather
[gǽðər]

동 모이다; 모으다

People began to **gather** in the square. 사람들이 광장에 모이기 시작했다.
gather information 정보를 모으다

482 wood
[wud]

명 1 나무, 목재 2 (-s) 숲

The house was made of **wood**. 그 집은 나무로 만들어졌다.
a walk in the **woods** 숲 속 산책
wooden 형 나무로 된, 목재의

483 fuel
[fjúːəl]

명 연료

Wood, coal, and gas are all different kinds of **fuel**.
나무, 석탄, 가스는 모두 다른 종류의 연료이다.

>> **which items** are on **sale** 어떤 품목들이 할인 판매 중인가

484 which
[witʃ]

대 |의문문| 어느[어떤] 것   형 |의문문| 어느, 어떤

Which is better, books or movies? 책과 영화 중 어느 것이 더 좋은가?
Which shoes do you like? 너는 어떤 신발이 마음에 들어?

485 item
[áitəm]

명 (목록상의 개개) 항목; 물품[품목]

Check the **items** on the list. 목록에 있는 항목들을 확인해주세요.
an expensive **item** 비싼 품목

486 sale
[seil]

명 1 판매 2 할인 판매, 세일

That's not for **sale**. 그것은 파는 것이 아니다[비매품이다].
have a big **sale** 대대적인 세일을 하다

487 coupon
[kúːpan]

명 쿠폰, 할인권

I used a **coupon** for a 10% discount.
나는 10% 할인 쿠폰을 사용했다.

Word Link
coupon은 어떤 상품을 무료나 할인된 가격으로 제공받을 수 있는 '할인권'을 말해요.

» the most common type of blood 가장 흔한 혈액형

488 most
[moust]

형 1 최대[최고]의, 가장 많은 2 대부분의 부 |최상급| 가장

He has the **most** friends out of us. 그는 우리 중에서 친구가 가장 많다.
Most birds can fly. 대부분의 새들은 날 수 있다.
the **most** beautiful woman 가장 아름다운 여성

489 common
[kámən]

형 1 흔한 2 공통의, 공동의

Snow is **common** in winter. 눈은 겨울에 흔하다.
have a **common** interest 공통의 관심사를 갖고 있다

490 type
[taip]

명 종류, 유형 유 kind

That **type** of dog has long ears. 저런 종류의 개는 긴 귀를 가지고 있다.

491 blood
[blʌd]

명 피, 혈액

He lost a lot of **blood**. 그는 피를 많이 흘렸다.
give **blood** 헌혈하다

» burn trash/dead leaves 쓰레기를/낙엽을 태우다

492 burn
[bə:rn]

동 (불에) 타다; 태우다

The forest **burned** for days. 며칠간 숲이 불에 탔다.
burn a letter 편지를 태우다

493 trash
[træʃ]

명 쓰레기 유 garbage

Do not throw **trash** on the ground. 땅에 쓰레기를 버리지 마라.
take out the **trash** 쓰레기를 밖에 갖다 버리다

494 dead
[ded]

형 죽은 반 alive

His grandmother is alive, but his grandfather is **dead**.
그의 할머니는 살아 계시지만, 그의 할아버지는 돌아가셨다.

die 동 죽다 death 명 죽음, 사망

495 leaf
[li:f]

명 (복수형 leaves) 잎, 나뭇잎

Many **leaves** fell from the tree. 나무에서 많은 잎들이 떨어졌다.

주제: 우주 과학

496 space [speis]
명 1 공간 2 우주
There's no **space** for a table. 탁자를 둘 공간이 없다.
They sent a rocket into **space**. 그들은 로켓을 우주로 보냈다.

497 spaceship [spéisʃìp]
명 우주선
NASA created a new **spaceship** for the trip to the moon.
나사는 달 여행을 위해 새로운 우주선을 만들었다.

498 scientist [sáiəntist]
명 과학자
The **scientist** discovered a new planet.
그 과학자는 새로운 행성을 발견했다.
science 명 과학

499 moonlight [mú:nlàit]
명 달빛
Moonlight came in through the curtains. 커튼 사이로 달빛이 들어왔다.

500 find out
~을 알아내다
They **found out** how stars were formed.
그들은 별들이 어떻게 형성되었는지 알아냈다.

Word Link — Words Related to Shopping

shopping

sale

coupon

- Read and complete the sentences.

1 The store is having a big _____ on sunglasses.

2 She used a _____ for the coffee.

Answers 1 sale 2 coupon

DAILY TEST

정답 p.153

[01~08] 다음 우리말과 같은 뜻이 되도록 빈칸에 알맞은 단어를 쓰세요.

01 피를 많이 흘리다   lose a lot of _____
02 비싼 품목   an expensive _____
03 정보를 모으다   _____ information
04 저런 종류의 개   that _____ of dog
05 숲 속 산책   a walk in the _____
06 대부분의 새들   _____ birds
07 쿠폰을 사용하다   use a _____
08 대대적인 세일을 하다   have a big _____

[09~13] 밑줄 친 단어에 유의하여, 괄호 속에서 알맞은 말을 고르세요.

09 (Heat / Snow) is common in winter.
10 (Television / Wood) is a kind of fuel.
11 The (forest / water) burned for days.
12 Many leaves fell from the (blood / tree).
13 Do not (collect / throw) trash on the ground.

우주 과학
[14~18] 다음 빈칸에 알맞은 말을 넣어 단어맵을 완성하세요.

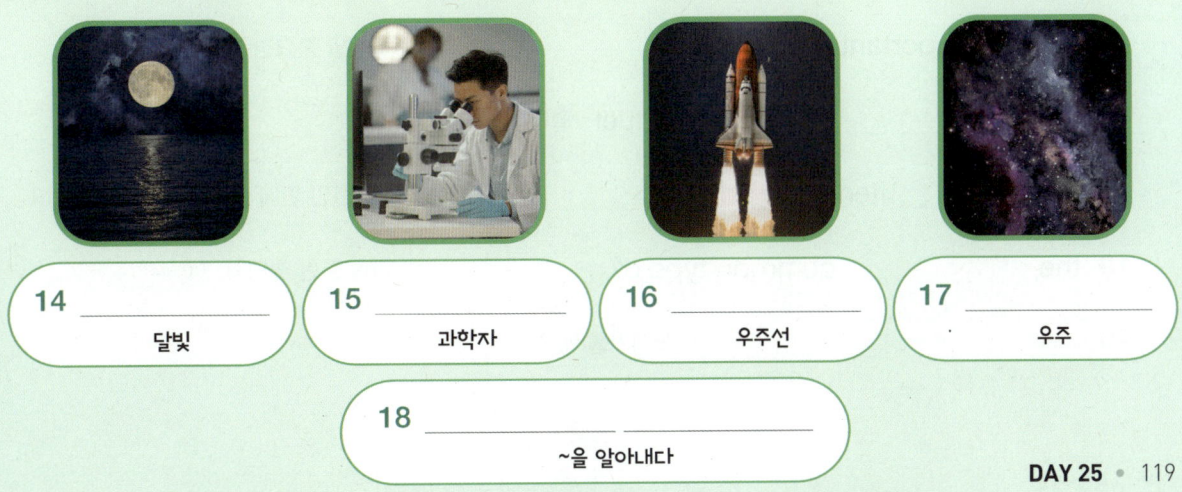

14 _____ 달빛
15 _____ 과학자
16 _____ 우주선
17 _____ 우주
18 _____ _____ ~을 알아내다

DAY 25 • 119

REVIEW TEST   DAY 21~25

정답 p.153

A 덩어리 표현 우리말에 맞게 빈칸을 채워 핵심 표현을 완성하세요.

01 _____ a _____ around a tree trunk   나무 몸통에 밧줄을 묶다
02 your _____ hurts a _____   목이 많이 아프다
03 discover a _____ treasure _____   진짜 보물 지도를 발견하다
04 record _____ everything in a _____   일기에 거의 모든 것을 기록하다
05 _____ your true _____   본심을 숨기다
06 a wonderful _____ from the _____   창문에서 보이는 멋진 경치
07 have nothing to _____ on the _____   그 문제에 대해 말할 것이 없다
08 the _____ cause of _____   사망의 주된 원인
09 _____ a _____   돌을 던지다
10 my _____ part of the _____   그 영화에서 내가 가장 좋아하는 부분
11 _____ ill with a _____   여전히 열이 나서 아픈
12 _____ a cute cartoon _____   귀여운 만화 캐릭터를 만들어 내다
13 _____ Jeju Island to _____   외국인들에게 제주도를 소개하다
14 have _____ finding a _____   입구를 찾는 데 어려움을 겪다
15 let me _____ the facts _____   나중에 사실을 확인해 보겠습니다
16 have an important job _____ _____   내일 중요한 취업 면접이 있다
17 _____ _____ for fuel   땔나무를 모으다
18 _____ items are on _____   어떤 품목들이 할인 판매 중인가
19 the _____ common type of _____   가장 흔한 혈액형
20 _____ _____   쓰레기를 태우다

120

B 주제별 어휘 우리말에 맞게 빈칸을 채워 문장을 완성하세요.

숫자와 계산

01 I need a _____ pencils.
    나는 연필 한 다스가 필요하다.

02 The company made three _____ dollars last year.
    그 회사는 작년에 3백만 달러를 벌었다.

성격묘사

03 The _____ firefighter saved a kid from the fire.
    그 용감한 소방관이 화재에서 아이를 구했다.

04 They are _____ people.
    그들은 정직한 사람들이다.

인간관계

05 A strong _____ grew between them.
    그들 사이에 강한 우정이 싹텄다.

06 I had an important _____ in the meeting.
    나는 그 모임에서 중요한 역할을 했다.

스포츠

07 What's the _____ now?
    지금 점수가 어떻게 되지?

08 He is an _____ soccer player.
    그는 뛰어난 축구 선수이다.

우주 과학

09 They sent a rocket into _____.
    그들은 로켓을 우주로 보냈다.

10 _____ came in through the curtains.
    커튼 사이로 달빛이 들어왔다.

C Word Link 다음 문맥에 알맞은 표현을 고르세요.

01 My left (arm / throat) was sore after throwing a ball.

02 Flu can be a serious (ill / illness).

03 My bag is empty. I don't have (anything / nothing) in my bag.

04 She used a (coupon / sale) for the coffee.

05 The (gate / plane) took off from the (airport / gate).

영어 이야기

잉글리시? 콩글리시?
English

아이쇼핑 window shopping

한국에서는 상품을 구매하지 않고 눈으로 구경만 하는 것을 아이쇼핑이라고 하죠. 올바른 영어 표현은 window shopping이에요. '유리(window)'를 통해 '쇼핑(shopping)'한다는 뜻으로 가게에 진열되어 있는 상품을 유리창 밖에서 감상하기만 하고 구매하지 않는 행위를 나타내는 표현이에요.

컨닝 cheating

시험을 볼 때 다른 사람의 답을 보고 베끼는 행위 등의 부정행위를 컨닝이라고 하죠. 하지만 이는 교활하다는 의미를 가진 단어 '커닝(cunning)'을 사용한 콩글리시예요. 부정행위를 가리키는 올바른 영어 표현은 cheating이랍니다.

아르바이트 part-time job

노동, 일이라는 뜻을 가진 독일어 '아르바이트(arbeit)'에서 유래한 말이에요. 한국과 일본에서는 시간제 근무를 지칭할 때 쓰지만, 영어권 국가에서는 part-time job이라고 해요.

러닝 머신 treadmill

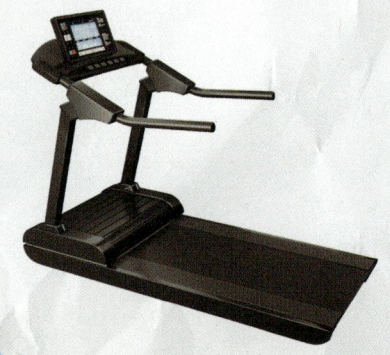

우리가 헬스장에서 쉽게 볼 수 있는 러닝 머신이 죄수들의 고문 기구에서 유래한다는 사실을 알고 있나요? 러닝 머신을 영어권에서는 treadmill이라고 하는데 이 단어는 'tread(밟다)'와 'mill(방아)'의 합성어예요. 19세기 영국에서 죄수들에게 원통을 밟게 해서 물을 푸거나 곡식을 빻는 방아 형식의 형벌 도구로 사용한 것이 시초라고 해요.

Part 2

DAY 26~30
다양한 유형의 어휘

DAY 26

다의어 1 >> 의외의 뜻을 갖고 있는 어휘

501 **book** [buk]

명 책
I like **books** about travel. 나는 여행에 관한 책을 좋아한다.

동 예약하다
She **booked** a ticket for London.
그녀는 런던행 표를 예약했다.

502 **field** [fi:ld]

명 1 들판, 밭
They are working in the **fields**. 그들은 들판에서 일하고 있다.

명 2 분야, 영역
Einstein was a genius in the **field** of science.
아인슈타인은 과학 분야에서 천재였다.

503 **straw** [strɔː]

명 1 짚, 밀짚
That hat was made of **straw**. 저 모자는 짚으로 만들어졌다.

명 2 빨대
He drank his juice through a **straw**.
그는 빨대로 주스를 마셨다.

504 **please** [pliːz]

부 | 남에게 정중히 부탁할 때 | 제발
Close the window, **please**. 창문 좀 닫아주세요.

동 기쁘게 하다
The smell of flowers **pleases** him.
꽃냄새는 그를 기쁘게 한다.

505 **hold** [hould]

동 (held-held) 1 잡고[들고] 있다
He is **holding** the ball. 그는 그 공을 들고 있다.

동 2 열다, 개최하다
Where is the game **held**? 그 경기는 어디에서 열리나요?

다의어 2 >> 뜻이 확장되는 어휘

506 store [stɔːr]

명 가게, 상점 ㈜ shop
I bought a cap at a clothing **store**. 나는 옷 가게에서 모자를 샀다.

동 (상점에 물건이 쌓여 있듯) 저장[보관]하다
Before winter comes, some animals **store** food.
겨울이 오기 전에, 일부 동물들은 먹이를 저장해둔다.

507 land [lænd]

명 땅, 토지
They own a lot of **land**. 그들은 많은 땅을 소유하고 있다.

동 (땅에 닿다) 착륙하다 ㈜ take off
The plane **landed** safely. 그 비행기는 안전하게 착륙했다.

508 sink [siŋk]

동 (sank-sunk) 가라앉다 ㈜ float
The stone **sank** in the pond. 돌멩이가 연못에 가라앉았다.

명 (물이 밑으로 내려가다) 싱크대
Wash your hands in the **sink**.
싱크대에서 손을 씻어라.

509 catch [kætʃ]

동 (caught-caught) 1 (붙)잡다
Josh **caught** the ball with one hand. 조쉬가 한 손으로 그 공을 잡았다.
He **caught** my arm. 그는 내 팔을 붙잡았다.

동 2 (병에 붙잡히다) (병에) 걸리다
I **caught** a cold last week. 나는 지난주에 감기에 걸렸다.

510 nature [néitʃər]

명 1 자연
She really loves **nature**. 그녀는 정말로 자연을 사랑한다.

명 2 (태어날 때부터 자연스럽게 가지는 것) 천성, 본성
He is shy by **nature**.
그는 천성적으로 수줍음이 많다.

natural 형 자연의; 당연한; 타고난

다의어 3 ›› 다양한 뜻을 갖고 있는 어휘

511 **block**
[blak]

Word Tip
미국에서 block은 거리를 나타내는 척도로 쓰여요. 도시 대부분이 바둑판 모양으로 토막난 디자인이기 때문이죠.

명 **1** 토막, 사각형 덩어리
2 한 구획[블록]

She cut the wood into **blocks**. 그녀는 그 목재를 토막으로 잘랐다.
Go one more **block** and turn left. 한 블록 더 가서 좌회전해.

동 (통로 등을) 막다

A tree fell and **blocked** the road.
나무가 쓰러져 도로를 막았다.

512 **stick**
[stik]

Word Tip
'찌르다'라는 뜻을 가진 라틴어에서 유래해요.

명 **1** (부러진) 나뭇가지, 막대기
2 스틱, 채

We used **sticks** to start the fire.
우리는 불을 피우기 위해 나뭇가지를 사용했다.
a pair of drum **sticks** 드럼 스틱 한 쌍

동 (stuck-stuck) (찔러 넣어 고정시키다) 붙다, 붙이다

I **stuck** the poster on the wall.
나는 벽에 포스터를 붙였다.

513 **miss**
[mis]

동 **1** (닿지 못하고) 놓치다, 빗나가다
2 (늦어서) 놓치다
3 (만남을 놓치다) 그리워하다

The player **missed** the ball. 그 선수는 공을 놓쳤다.
I slept late and **missed** the bus. 나는 늦잠 자서 버스를 놓쳤다.
We **miss** our old friends. 우리는 옛 친구들을 그리워한다.

514 **light**
[lait]

명 **1** (해·전등 등의) 빛
2 (전깃)불, (전)등

The **light** is so bright I can't open my eyes.
빛이 너무 밝아서 나는 눈을 뜰 수가 없다.
turn on/off the **light** 불[전등]을 켜다/끄다

형 (빛처럼) 가벼운 반 heavy

Carry this bag – it's pretty **light**. 이 가방을 들어. 이건 꽤 가벼워.

515 **lie**
[lai]

통 (lay-lain) **1** 누워 있다, 눕다 **2** 놓여 있다
(lied-lied) **3** 거짓말하다

A dog is **lying** on the floor. 개 한 마리가 바닥에 누워 있다.
A pen **lay** on the desk. 펜 한 자루가 책상 위에 놓여 있었다.
Don't **lie** to me! 내게 거짓말하지 마!

516 **gas**
[gæs]

명 **1** 기체
2 (난방 · 조리용 연료인) 가스
3 휘발유 동 gasoline

Word Tip
'휘발유'라는 의미의 gas는 gasoline(가솔린, 휘발유)의 약자예요.

Oxygen is an important **gas**. 산소는 중요한 기체이다.
He turned on the **gas** stove. 그는 가스 레인지를 켰다.
a **gas** station 주유소

DAILY TEST

정답 p.153

[01~06] 다음 빈칸에 알맞은 말을 골라 쓰세요.

| block | nature | missed | field | lay | booked |

01 I slept late and _____ the bus.
02 She _____ a ticket for London.
03 He is shy by _____.
04 A pen _____ on the desk.
05 Einstein was a genius in the _____ of science.
06 Go one more _____ and turn left.

[07~09] 다음 밑줄 친 부분의 반의어를 고르세요.

07 The plane <u>landed</u> safely.   [반의어] ⓐ arrived   ⓑ took off
08 Carry this bag – it's pretty <u>light</u>.   [반의어] ⓐ dark   ⓑ heavy
09 The stone <u>sank</u> in the pond.   [반의어] ⓐ floated   ⓑ fell

DAY 27

다의어 1 >> 의외의 뜻을 갖고 있는 어휘

517 **band** [bænd]

명 **1** (음악) 밴드, 악단

He plays the guitar in the **band**. 그는 밴드에서 기타를 연주한다.

명 **2** 끈, 띠

She often ties her hair back with a **band**.
그녀는 종종 머리끈으로 머리를 뒤로 묶는다.

518 **tip** [tip]

명 **1** (뾰족한) 끝

The **tip** of the cat's tail is white. 그 고양이의 꼬리 끝 부분은 흰색이다.

명 **2** 조언

The doctor gave him some health **tips**.
의사는 그에게 몇 가지 건강 조언을 해주었다.

519 **stage** [steidʒ]

명 **1** (진행상의) 단계, 시기

This project is still in its early **stages**.
이 프로젝트는 아직 초기 단계이다.

명 **2** 무대

The actors stood on the **stage**. 배우들이 무대 위에 섰다.

520 **match** [mætʃ]

명 **1** 경기, 시합

I won the tennis **match**. 나는 테니스 경기에서 이겼다.

명 **2** 성냥

Young children shouldn't play with **matches**.
어린 아이들은 성냥을 가지고 놀아서는 안 된다.

521 **bill** [bil]

명 **1** 고지서, 청구서

Did you pay the phone **bill**? 너는 전화 고지서의 요금을 납부했니?

명 **2** 지폐

He handed me a ten-dollar **bill**.
그는 내게 10달러짜리 지폐를 건네주었다.

다의어 2 >> 뜻이 확장되는 어휘

522 wave [weiv]

명 파도, 물결
The ocean **waves** were very high.
바다의 파도가 매우 높았다.

동 (물결치듯) 흔들리다; 흔들다
The leaves **waved** in the wind. 나뭇잎들이 바람에 흔들렸다.

523 beat [biːt]

동 (beat-beaten) **1** 때리다, 두드리다
They **beat** him to the ground. 그들이 그를 땅바닥에 때려눕혔다.
Somebody is **beating** at the door. 누군가가 문을 두드리고 있다.

동 **2** (상대를 때려 눕히다) 이기다
She **beat** me at tennis. 그녀는 테니스에서 나를 이겼다.

524 square [skwɛər]

명 **1** 정사각형
Cut the cake into **squares**. 그 케이크를 정사각형으로 잘라라.

명 **2** (정사각형 모양의 땅) 광장
There is a big clock tower in the town **square**.
그 마을 광장에는 큰 시계탑이 있다.

525 touch [tʌtʃ]

동 **1** 만지다
Don't **touch** that plate. It's very hot. 그 접시 만지지 마. 그것은 매우 뜨거워.

동 **2** (사람의 감정을 어루만지다) 감동시키다
The story **touched** us all. 그 이야기는 우리 모두를 감동시켰다.

526 shower [ʃáuər]

명 **1** 샤워
I'll watch TV after I take a **shower**. 나는 샤워를 한 후에 TV를 볼 것이다.

명 **2** (샤워기처럼 갑자기 물이 쏟아져 내리다) 소나기
We often have heavy **showers** in spring.
우리는 봄에 자주 심한 소나기를 만난다.

DAY 27

다의어 3 ›› 다양한 뜻을 갖고 있는 어휘

527 free
[fri:]

형 1 자유로운
2 (지불 의무가 없이 자유로운 상태) 무료의, 공짜의
3 (할 일에 얽매여 있지 않아 자유로운 상태) 한가한

You are **free** to say no. 너에겐 싫다고 말할 자유가 있다.
We got **free** movie tickets. 우리는 공짜 영화표를 얻었다.
I usually read in my **free** time. 나는 보통 한가한 시간에 독서한다.

참고 for free 공짜로, 무료로

528 point
[pɔint]

명 1 (대화에서 뾰족하게 도드라진 부분) (the ~) 요점, 핵심
2 (경기에서 핵심이 되는 것) 점수

Word Tip
'뾰족한 끝'이라는 기본 의미를 가지고 있어요.

Tell me the **point** of the story. 내게 그 이야기의 핵심을 말해줘.
win/lose a **point** 1점을 따다/잃다

동 (뾰족한 끝이 향하다) 가리키다

He **pointed** at a hole in the wall.
그는 벽에 난 구멍을 가리켰다.

529 order
[ɔ́ːrdər]

명 순서

Put the words in the right **order**. 단어를 올바른 순서로 나열하시오.

동 1 (계급의 순서가 높은 사람이 말하다) 명령하다
2 (손님이 식당에서 명하다) 주문하다

The police **ordered** us to leave the building.
경찰이 우리에게 그 건물을 떠나라고 명령했다.
I **ordered** pasta for dinner. 나는 저녁으로 파스타를 주문했다.

530 set
[set]

동 (set-set) 1 놓다, 두다
2 (시계 바늘 등을 특정 자리에 놓다) (시계·기기를) 맞추다

Word Tip
고대 영어 'settan(=앉히다; 놓다)'에서 유래해요.

I **set** the glass on the table. 나는 테이블 위에 잔을 놓았다.
Did you **set** the alarm? 너는 시계 알람을 맞췄니?

명 (사물들이 모여서 놓여 있는 것) 한 벌[짝], 세트

We need a **set** of six chairs.
우리는 여섯 개짜리 의자 한 세트가 필요하다.

531 **board** [bɔːrd]

명 1 판자
2 (벽에 붙여 글씨를 쓰는 판자) 게시판

He cut the **board** in half. 그는 판자를 반으로 잘랐다.
I saw the poster on the **board**. 나는 게시판에 붙은 포스터를 보았다.

동 (나무 판자를 깔고 육지에서 배로 넘어가다) 탑승하다

It's time to **board** the plane. 비행기에 탑승할 시간이다.

532 **present** [préznt]

형 1 (눈 앞에 있는) 참석[출석]한 반 absent
2 (눈 앞에 있는 지금의 시간) 현재의

Word Tip
'눈 앞에 있다'라는 기본 의미를 가지고 있어요.

She was **present** at the meeting. 그녀는 회의에 참석했다.
at the **present** time 지금 현재, 현재로서는

명 (눈 앞에 내밀어 주는 것) 선물 유 gift

He gave me a birthday **present**. 그는 내게 생일 선물을 주었다.

DAILY TEST

정답 p.153

[01~07] 다음 문장을 읽고, 밑줄 친 부분의 뜻을 쓰세요.

01 The leaves <u>waved</u> in the wind.　　　　　뜻: ＿＿＿＿＿＿＿
02 Put the words in the right <u>order</u>.　　　　뜻: ＿＿＿＿＿＿＿
03 The story <u>touched</u> us all.　　　　　　　뜻: ＿＿＿＿＿＿＿
04 He handed me a ten-dollar <u>bill</u>.　　　　　뜻: ＿＿＿＿＿＿＿
05 She was <u>present</u> at the meeting.　　　　뜻: ＿＿＿＿＿＿＿
06 We got <u>free</u> movie tickets.　　　　　　　뜻: ＿＿＿＿＿＿＿
07 The <u>tip</u> of the cat's tail is white.　　　　　뜻: ＿＿＿＿＿＿＿

[08~10] 밑줄 친 부분에 유의하여, 괄호 속에서 알맞은 표현을 고르세요.

08 Young children (should / shouldn't) play with <u>matches</u>.
09 The (actors / project) stood on the <u>stage</u>.
10 He plays (soccer / the guitar) in the <u>band</u>.

DAY 28

관용표현 >> 습관처럼 써서 굳어진 표현들

| 533 | **singer** [síŋər] | 명 가수 |
| 543 | **also** [ɔ́:lsou] | 부 또한, ~도 |

| 534 | **practice** [præktis] | 동 연습하다
명 연습 |
| 544 | **shy** [ʃai] | 형 부끄럼을 타는, 수줍어하는 |

| 535 | **maybe** [méibi:] | 부 어쩌면, 아마 |
| 545 | **shell** [ʃel] | 명 껍데기[껍질] |

| 536 | **twin** [twin] | 명 (-s) 쌍둥이
형 쌍둥이의 |
| 546 | **price** [prais] | 명 값, 가격 |

| 537 | **couch** [kautʃ] | 명 긴 의자, 소파
유 sofa |
| 547 | **roof** [ru:f] | 명 지붕 |

| 538 | **lazy** [léizi] | 형 게으른 |
| 548 | **bowl** [boul] | 명 1 (우묵한) 그릇
2 한 그릇(의 양) |

| 539 | **pillow** [pílou] | 명 베개 |
| 549 | **corner** [kɔ́:rnər] | 명 모퉁이, 모서리 |

| 540 | **sell** [sel] | 동 (sold-sold) 1 팔다
2 팔리다
반 buy |
| 550 | **however** [hauévər] | 부 그러나, 그렇지만 |

| 541 | **honey** [hʌ́ni] | 명 꿀, 벌꿀 |
| 551 | **creative** [kriéitiv] | 형 창의[창조]적인 |

| 542 | **beside** [bisáid] | 전 ~의 옆에 |
| 552 | **think** [θiŋk] | 동 (thought-thought) 생각하다 |

practice makes perfect 자꾸 연습하다 보면 완벽해지다

직역하면 '연습(practice)이 완벽함을 만든다'라는 말로, 어떤 것을 계속 하면 할수록 그것을 더 잘하게 된다는 의미이다.

A The **singer** has an amazing voice.
B **Practice** makes perfect, right? **Maybe** she's been singing for a long time.

A 그 가수는 굉장한 목소리를 가졌어.
B 자꾸 연습하다 보면 완벽해진다고들 하잖아? 아마 그녀는 오랜 시간 동안 노래를 불러왔을 거야.

couch potato 오랫동안 가만히 앉아 텔레비전만 보는 사람

말 그대로 '소파(couch)' 위에서 '감자칩(potato)'을 먹으며 하루 종일 TV만 보는, 활동적이지 않고 게으른 사람을 의미한다.

A Your **twin** kids spend a lot of time on the couch, right?
B Yeah, they're **couch** potatoes. So **lazy**!

A 네 쌍둥이 아이들은 소파에서 많은 시간을 보내는구나, 그렇지?
B 맞아, 그 애들은 오랫동안 가만히 앉아 텔레비전만 본다니까. 너무 게을러!

sell like hotcakes 날개 돋친 듯 팔리다

19세기 미국에서 핫케이크가 크게 유행했던 것에서 유래한다. 즉, '핫케이크처럼 팔린다(sell)'라는 것은 별다른 노력 없이 물건이 엄청 잘 팔린다는 것을 비유적으로 표현한 것이다. 참고로, hotcake와 pancake는 같은 표현이다.

- Those new **pillows** are **selling** like hotcakes. Everyone wants one!
- The **honey** at the store always sells like hotcakes.

- 저 새 베개들은 날개 돋친 듯 팔리고 있어. 다들 하나씩 갖고 싶어해!
- 저 가게의 꿀은 늘 날개 돋친 듯 팔린다.

beside the point 요점[핵심]을 벗어난; 중요하지 않은

beside는 '~옆에', point는 '요점[핵심]'이라는 뜻으로, 요점이나 핵심 옆에 있다는 것은 곧 '요점[핵심]에서 벗어났다', '중요하지 않다'라는 의미이다.

A I'm so proud of our school band!
B They aren't very good at playing.
A That's **beside** the point. They're learning! **Also**, they won first place at our contest.

A 나는 우리 학교 밴드가 너무 자랑스러워!
B 그들이 연주를 잘 하지는 못해.
A 그게 중요한 게 아니야. 그들은 배우고 있는 중이야! 또, 그들은 우리 대회에서 1등을 했어.

come out of your shell 자기 틀[소심함의 껍질]을 깨다

직역하면 '껍데기 밖으로 나온다'라는 말로, 이때 '껍데기(shell)'는 세상으로부터 자신을 보호하는 보호막을 비유적으로 표현한 것이다. 거북이 불안을 느끼면 껍데기 속으로 몸을 숨기는 이미지를 연상할 수 있다. 즉, 사람이 껍데기 밖으로 나온다는 것은 소심함을 깨고 적극적으로 타인을 대한다는 것을 의미한다.

A You know, you're really **shy** in group meetings.
B I'm trying to come out of my **shell**, but it's not easy for me.

A 있잖아, 너는 그룹 회의에서 정말 수줍음이 많아.
B 소심함을 깨고 나오려고 노력하고 있는데, 그게 나한테 쉽지가 않아.

go through the roof 치솟다[급등하다]

'지붕(roof)을 통과해서 간다'라는 말은 물건의 가격이 하늘 높은 줄 모르고 치솟는다는 표현이다. 또는 범죄율이 급증한다고 할 때도 사용할 수 있는 표현이다. 주어가 사람일 경우, 사람이 지붕을 뚫고 튕겨 나갈 정도로 매우 화가 난 상태를 나타낸다.

A The **price** is going through the **roof**.
B I know. A **bowl** of salad is $20! That's crazy.

A 가격이 치솟고 있네.
B 그러니까. 샐러드 한 그릇이 20달러라니! 말도 안 돼.

just around the corner 목전에 있는, 코앞에 와 있는

직역하면 '길모퉁이(corner) 주위에[가까이에]'라는 말이다. 무엇인가 길모퉁이 가까이에 와 있다는 것은 비유적으로 '임박했다', '바로 가까이에 와 있다'라는 뜻이다.

A The weekend is just around the **corner**!
B I'm excited, too. **However**, we still have a lot of homework to do before then.

A 주말이 코앞에 와 있어!
B 나도 정말 기대돼. 하지만 우리에겐 아직 그 전에 해야 할 숙제가 많이 남아 있어.

think outside the box 고정관념을 깨고 창의적인 사고를 하다

'상자 밖에서 생각하다(think)'라는 표현에서 '상자'는 창의성을 가로막는 기존의 틀을 비유적으로 나타낸 것이다. 즉, think outside the box는 기존의 틀인 고정 관념을 깨고 자유롭고 창의적인 사고를 한다는 의미이다.

Being **creative** means you have to **think** outside the box.
창의적이라는 것은 고정 관념을 깨고 생각해야 한다는 것을 의미합니다.

DAILY TEST

정답 p.153

[01~08] 영어는 우리말로, 우리말은 영어로 쓰세요.

01 shy _____
02 bowl _____
03 couch _____
04 beside _____
05 모퉁이, 모서리 _____
06 생각하다 _____
07 게으른 _____
08 쌍둥이(의) _____

[09~10] 우리말에 맞게, 주어진 철자로 시작하는 알맞은 말을 빈칸에 넣으세요.

09 Those new p_____ are s_____ like hotcakes.
   저 새 베개들은 날개 돋친 듯 팔리고 있다.

10 The p_____ is going through the r_____. 가격[물가]이 치솟고 있다.

DAY 29

관용표현 >> 습관처럼 써서 굳어진 표현들

553	**bucket** [bʌ́kit]	명 양동이, 들통
554	**rich** [ritʃ]	형 부자인, 부유한 반 poor
555	**downstairs** [dáunstɛ̀rz]	부 아래층으로[에서] 반 upstairs
556	**fight** [fait]	동 (fought-fought) 싸우다 명 싸움
557	**hero** [híərou]	명 영웅
558	**blind** [blaind]	형 눈 먼, 맹인의
559	**haircut** [héərkʌ̀t]	명 1 이발 2 헤어스타일
560	**tongue** [tʌŋ]	명 혀
561	**war** [wɔːr]	명 전쟁
562	**peace** [piːs]	명 평화

563	**clerk** [kləːrk]	명 점원, 직원
564	**plate** [pleit]	명 (주로 납작하고 둥근) 접시
565	**tiny** [táini]	형 아주 작은[적은] 반 huge
566	**village** [vílidʒ]	명 (시골) 마을
567	**butterfly** [bʌ́tərflài]	명 나비
568	**stomach** [stʌ́mək]	명 위(胃), 배
569	**pool** [puːl]	명 1 웅덩이[못] 2 수영장
570	**nobody** [nóubʌ̀di]	대 아무도 ~않다
571	**smart** [smaːrt]	형 영리한, 똑똑한 유 bright, clever
572	**everyone** [évriwʌ̀n]	대 모든 사람, 모두 동 everybody

a drop in the bucket 새 발의 피

직역하면 '양동이(bucket) 안에 한 방울'이란 뜻이다. 내가 필요하거나 원하는 양과 비교했을 때 그 양이 너무 적다는 것을 은유적으로 표현한 것이다. 영국에서는 a drop in the ocean으로 표현한다.

A I began saving ten dollars each month.
B That's nice, but it's just a drop in the **bucket** if you want to get really **rich**.

A 나 매달 10달러씩 저축하기 시작했어.
B 좋은 일이지만, 정말 부자가 되고 싶다면 그건 그냥 새 발의 피야.

fight like cats and dogs 심하게 싸우다[다투다], 서로 으르렁거리다

'고양이와 개처럼 싸우다(fight)'라는 말은 심하게 다투는 것을 은유적으로 표현한 것이다. 마치 고양이와 개가 만나면 서로 싸우는 것처럼, 심하게 싸우는 모습을 묘사한 표현이다.

A What's all the noise from **downstairs**?
B Oh, that's Jess and her sister. They are always **fighting** like cats and dog.

A 아래층에서 나는 이 소음은 다 뭐야?
B 아, 그건 제스랑 그 애 여동생이야. 걔넨 늘 서로 으르렁거리고 있어.

turn a blind eye 보고도 못 본 체하다

이 표현은 영국 넬슨 장군이 참전한 1801년 코펜하겐 해전에서 기원한다. 승리를 확신한 넬슨은 자신의 상사가 퇴각하라는 명령을 내렸지만, 알고도 이를 무시했다. 한쪽 '눈이 멀었던(blind)' 넬슨은 실명된 오른쪽 눈에 망원경을 갖다 대고 신호를 보지 못했다고 했다.

Mother Teresa is my **hero**. She never turned a **blind** eye to poor people.

마더 테레사는 나의 영웅이다. 그녀는 절대 가난한 사람들을 보고도 못 본 체하지 않았다.

bite your tongue (하고 싶은 말을) 이를 악물고 참다

직역하면 '혀(tongue)를 깨물다'라는 뜻이다. 무언가 하고 싶은 말이 있어 입술이 근질거려도 혹시 상대방에게 무례하게 들릴까 걱정되어 혀를 깨물며 참는다는 의미이다. tongue 대신 lip을 써서 bite your lip이라고도 한다.

A What do you think of John's **haircut**?
B I had to bite my **tongue**. It's not my style, but it's his choice.

A 존의 헤어스타일 어떻게 생각해?
B 하고 싶은 말을 참아야 했어. 내 스타일은 아니지만, 그의 선택이니까.

a war of words 말씨름

직역하면 '말로 하는 전쟁(war)', 즉 '말씨름'이라는 뜻이다.

- Jane and her friend had a **war** of words, but they made **peace** in the end and solved their problems.
- I had a war of words with a **clerk** at the restaurant. A **plate** fell, but the clerk thought I dropped it.
- 제인과 그녀의 친구는 말씨름을 벌였지만, 마지막엔 화해하고 그들의 문제를 해결했다.
- 나는 식당의 종업원과 말씨름을 벌였다. 접시가 떨어졌는데, 그 종업원은 내가 떨어뜨렸다고 생각했다.

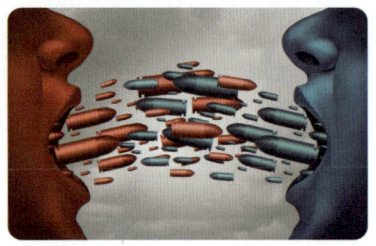

a big fish in a small pond 작은 조직의 큰 인물, 우물 안 개구리

big fish는 '큰 물고기'라는 뜻이기도 하지만 '거물[중요한 인물]'이라는 의미로도 사용된다. 작은 집단내에서 중요한 사람 또는 세상을 좁게 살거나 세상 물정을 모르는 사람을 칭할 때 쓸 수 있는 표현이다.

Many people tell me I'm a big fish in s small pond, but I love this **tiny village**. It's such a lovely place.

많은 사람들이 내가 우물 안 개구리라고 말하지만, 나는 이 작은 마을을 사랑한다. 이곳은 정말 사랑스러운 곳이다.

butterflies in your stomach (긴장해서) 가슴이 벌렁거리는

'배(stomach) 안에 나비(butterfly)'가 있다는 뜻이다. 긴장을 하면 뱃속에서 약간의 경련이나 통증이 생길 수 있는데, 그것이 마치 나비들이 뱃속에서 날갯짓을 할 때 느껴질 법한 것과 비슷하다고 해서 만들어진 표현이다.

I had **butterflies** in my **stomach** before swimming in the deep **pool**.
깊은 수영장에서 수영하기 전에 나는 가슴이 울렁거렸다.

nobody's fool 영리한 사람, 속이기 힘든 사람

nobody는 '아무도[그 누구도] ~않다'라는 뜻으로, 직역하면 '그 누구의 바보[멍청이]가 아니다'라는 의미이다. 그 누구에게도 멍청이가 아닌 사람이라는 말은 영리해서 속이기 힘든 사람, 또는 녹록지 않은 사람을 뜻한다.

Penny is **nobody**'s fool; she's very **smart**, and **everyone** knows it.
페니는 속이기 힘든 사람이다. 그녀는 매우 영리하고, 다들 그 사실을 알고 있다.

DAILY TEST

정답 p.153

[01~08] 영어는 우리말로, 우리말은 영어로 쓰세요.

01 haircut _____   05 점원, 직원 _____
02 pool _____   06 눈 먼, 맹인의 _____
03 village _____   07 양동이, 들통 _____
04 downstairs _____   08 혀 _____

[09~10] 우리말에 맞게, 주어진 철자로 시작하는 알맞은 말을 빈칸에 넣으세요.

09 I had b_____ in my s_____. 나는 가슴이 벌렁거렸다.

10 Penny is n_____'s fool; she's very s_____.
   페니는 속이기 힘든 사람이다. 그녀는 매우 영리하다.

DAY 30

관용표현 >> 습관처럼 써서 굳어진 표현들

573	**boat** [bout]	명 (소형) 배, 보트
574	**everywhere** [évriwèər]	부 모든 곳에, 어디든지
575	**ice** [ais]	명 얼음
576	**under** [ʌ́ndər]	전 ~아래[밑]에 반 over
577	**sun** [sʌn]	명 해, 태양
578	**towel** [táuəl]	명 수건, 타월
579	**coach** [koutʃ]	명 (스포츠 팀의) 코치
580	**piece** [piːs]	명 조각, 한 개, 한 장
581	**stove** [stouv]	명 스토브, 난로; 가스레인지
582	**worried** [wə́ːrid]	형 걱정하는

583	**cart** [kaːrt]	명 짐수레, 마차
584	**foolish** [fúːliʃ]	형 어리석은 유 silly, stupid
585	**wife** [waif]	명 아내, 부인
586	**cap** [kæp]	명 (앞에 챙이 달린) 모자
587	**rubber** [rʌ́bər]	명 고무
588	**already** [ɔːlrédi]	부 이미, 벌써
589	**basket** [bǽskit]	명 바구니
590	**drawer** [drɔːr]	명 서랍
591	**spill** [spil]	동 엎지르다, 쏟다; 쏟아지다
592	**bean** [biːn]	명 콩; 열매

in the same boat 같은 배를 탄 처지인, 같은 상황에 있는

우리말에서 서로 같은 처지일 때 '한 배(boat)를 타다'라고 표현하듯, 영어에서도 서로 처지가 같거나 같은 상황에 놓여 있다고 할 때 in the same boat라고 표현한다.

A I'm lost in this big mall.
B Don't worry, we're in the same **boat**. It's easy to get lost in here with shops **everywhere**.

A 난 이 큰 쇼핑몰에서 길을 잃었어.
B 걱정 마, 우린 같은 배를 탄 처지야. 사방에 가게가 있어서 여기선 길을 잃기 쉬워.

break the ice 서먹서먹한[딱딱한] 분위기를 깨다

말 그대로 하면 '얼음(ice)을 깨다'라는 뜻이다. 처음 만나는 사이이거나, 서로에 대해 잘 모를 때의 분위기를 차가운 얼음에 비유하여 표현한 것이다. 따라서 얼음처럼 차가운 분위기를 깬다는 것은 개인적으로 좀더 가까워지는 것을 의미한다.

The teacher planned some fun games to break the **ice** on the first day of class.
선생님은 수업 첫 날의 서먹서먹한 분위기를 깨기 위해 몇 가지 재미있는 게임을 계획하셨다.

nothing new under the sun 세상에 새로운 것은 없다

'태양 아래 새로운 것은 없다'라는 표현은 말 그대로 '세상에 새로운 것은 없다'라는 의미이다. 특히 문화, 예술 분야에서 완전히 독창적인 것은 존재하지 않는다는 의미로 자주 쓰인다.

A I can't believe how similar these two movies are.
B Well, you know what they say, "there's nothing new **under** the **sun**."

A 이 두 영화가 얼마나 비슷한지 믿기지가 않네.
B 뭐, 그런 말도 있잖아, "세상에 새로운 것은 없다"라는 말.

throw in the towel 패배를 인정하다

직역하면 '수건(towel)'을 안에 던진다는 뜻이다. 복싱에서 유래한 표현으로, 경기 중에 선수가 부상이 심할 때 코치가 링 안에 흰 수건을 던져 기권을 표시한 데서 유래한다. 우리말의 '백기를 들다'라는 표현과 유사하다.

A I keep making mistakes during tennis practice. I want to quit.
B Don't throw in the **towel**. You should talk to the **coach** for some advice.

A 나 테니스 연습 때 자꾸 실수를 해. 그만두고 싶어.
B 패배를 인정하지 마[포기하지 마]. 코치에게 상의해서 조언을 구해봐.

a piece of cake 식은 죽 먹기

직역하면 '케이크 한 조각(piece)'이라는 말로, 케이크 한 조각은 적당한 크기로 잘려 있어 간편하게 먹을 수 있다. 우리말의 '누워서 떡 먹기', '식은 죽 먹기'와 같은 표현으로, 해내기 매우 쉬운 것을 말할 때 사용할 수 있다.

A How's your cooking going, Sarah?
B It's a **piece** of cake! I just need to put it on the **stove**, and we'll have dinner soon.

A 요리는 어떻게 되어가고 있어, 사라?
B 그건 식은 죽 먹기야! 가스레인지 위에 올려놓기만 하면 돼. 곧 저녁을 먹게 될 거야.

put the cart before the horse 본말(本末)이 전도되다, 일의 순서를 뒤바꿔 하다

말을 '마차(cart)' 앞에 두어 마차를 끌게 하는 것이 아니라, 마차를 말 앞에 두는 것은 이치에 닿지 않는 상황이다. 즉, 일의 순서가 뒤바뀐 상태를 나타내는 표현으로, '본말이 전도되다'와 같은 의미이다.

A I'm so excited about my new business.
B Well, I'm **worried**. You've put the **cart** before the horse. It is **foolish** to start a business without a plan.

A 난 내 새로운 사업이 매우 기대돼.
B 글쎄, 난 걱정돼. 본말이 전도됐잖아. 계획 없이 사업을 하는 건 바보 같은 짓이야.

put on your thinking cap 심사숙고하다, 곰곰이 생각하다

직역하면 '생각의 모자(cap)를 쓰다'라는 뜻이다. 즉, 추상적인 개념의 '생각이라는 모자'를 쓰고 오랜 시간을 어떤 사안에 대해 곰곰이 생각하는 것을 가리키는 표현이다.

To help his **wife** with the dishes, Dr. Halsted put on his thinking **cap** and invented **rubber** gloves.
아내의 설거지를 돕기 위해 할스테드 박사는 심사숙고해 고무장갑을 발명했다.

spill the beans (무심코) 비밀을 말하다, 누설하다

'콩(bean)을 엎지르다(spill)'라는 뜻으로, 고대 그리스에서 콩을 이용해 비밀투표를 한 것에서 유래한다. 하얀 콩은 찬성을, 검은 콩은 반대를 뜻했는데, 누군가 실수로 콩이 담긴 병을 엎으면 그 결과가 누설이 되는 것이었다.

A I **already** hid a flower **basket** in a **drawer** for Jenny's birthday. Don't tell her.
B Don't worry! I won't **spill** the **beans**.

A 나 제니의 생일 선물로 꽃바구니를 서랍에 숨겨뒀어. 제니한테 말하지 마.
B 걱정하지 마! 비밀을 누설하지 않을게.

DAILY TEST

정답 pp.153~154

[01~08] 영어는 우리말로, 우리말은 영어로 쓰세요.

01 stove _____
02 rubber _____
03 foolish _____
04 worried _____
05 짐수레, 마차 _____
06 모든 곳에, 어디든지 _____
07 서랍 _____
08 이미, 벌써 _____

[09~10] 우리말에 맞게, 주어진 철자로 시작하는 알맞은 말을 빈칸에 넣으세요.

09 I won't s_____ the b_____. 비밀을 누설하지 않을게.

10 It's a p_____ of cake! 그건 식은 죽 먹기야!

REVIEW TEST   DAY 26~30

정답 p.154

A 다의어   다음 빈칸에 공통으로 들어갈 표현으로 가장 적절한 것을 고르세요.

01
- I bought a cap at a clothing _____.
- Before winter comes, some animals _____ food.

a. save   b. keep   c. shop   d. store

02
- She really loves _____.
- He is shy by _____.

a. wild   b. character   c. nature   d. outside

03
- The _____ is so bright I can't open my eyes.
- Carry this bag–it's pretty _____.

a. light   b. lamp   c. heavy   d. small

04
- He plays the guitar in the _____.
- She often ties her hair back with a _____.

a. group   b. band   c. collar   d. belt

05
- Did you pay the phone _____?
- He handed me a ten-dollar _____.

a. bill   b. price   c. cost   d. check

06
- Did you _____ the alarm?
- We need a _____ of six chairs.

a. fix   b. pack   c. set   d. group

07
- You are _____ to say no.
- We got _____ movie tickets.

a. able   b. clear   c. free   d. cheap

B 관용표현 다음 빈칸에 알맞은 관용표현을 골라 쓰세요.

| throw in the towel | just around the corner | bite my tongue |
| practice makes perfect | think outside the box | in the same boat |

01 Being creative means you have to _____.

02 **A** The singer has an amazing voice.
    B _____, right? Maybe she's been singing for a long time.

03 **A** What do you think of John's haircut?
    B I had to _____. It's not my style, but it's his choice.

04 **A** I keep making mistakes during tennis practice. I want to quit.
    B Don't _____. You should talk to the coach for some advice.

05 **A** The weekend is _____!
    B I'm excited, too. However, we still have a lot of homework to do before then.

06 **A** I'm lost in this big mall.
    B Don't worry, we're _____. It's easy to get lost in here with shops everywhere.

Pop Quiz!
집에서 아무것도 안하고 소파 위에서 감자칩을 먹으며 하루 종일 TV만 보는, 활동적이지 않고 게으른 사람을 뜻하는 관용표현은? (2단어)

DAY 21~30 CUMULATIVE TEST

[01~30] 다음 단어의 뜻을 쓰세요.

01 rope
02 sore
03 treasure
04 hide
05 matter
06 brave
07 throw
08 still
09 create
10 gate
11 fact
12 interview
13 gather
14 burn
15 trash
16 hold
17 sink
18 light
19 match
20 touch
21 order
22 practice
23 think
24 twin
25 village
26 clerk
27 plate
28 coach
29 spill
30 stove

[31~40] 다음 뜻을 가진 단어를 쓰세요.

31 찾다, 발견하다
32 정직한; 솔직한
33 (병으로 인한) 열
34 나중에, 후에
35 종류, 유형
36 땅, 토지; 착륙하다
37 정사각형; 광장
38 게으른
39 전쟁
40 바구니

[41~45] 다음 숙어의 뜻을 쓰세요.

41 a war of words
42 break the ice
43 a piece of cake
44 spill the beans
45 nobody's fool

Vocabulary for Comprehension

추리 극장 3

The Dead Man's Last Words

A man is **found dead** in his house. There is **a lot of** blood around him. He is **holding** a cassette player in one hand and a gun in the other. The police arrive and press the play button on the cassette. They listen to the cassette. The man says, "I don't want to live," and then bang! The police know he didn't make himself die. How did they know?

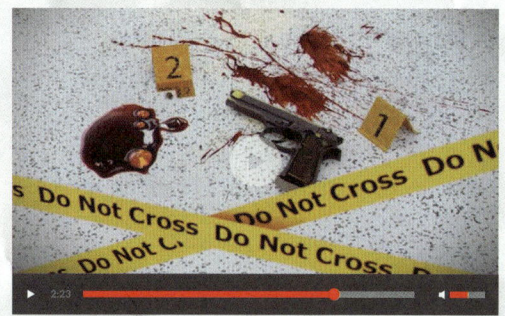

★ Think about it. Then watch the video and check your answer.

① What is another word for **find**?
   a. discover   b. introduce   c. check   d. point

② What is the opposite of **dead**?
   a. dry   b. alive   c. blind   d. light

③ What is another word for **a lot of**?
   a. large   b. tiny   c. a little   d. much

④ In this passage, the meaning of **hold** is …
   a. to take.   b. to play.   c. to have.   d. to catch.

망자의 마지막 말 한 남자가 자신의 집에서 죽은 채로 발견된다. 그의 주변에는 많은 피가 있다. 그는 한 손에는 카세트 플레이어를, 다른 한 손에는 총을 쥐고 있다. 경찰들이 도착해서 카세트의 재생 버튼을 누른다. 그들이 카세트를 듣는다. 그 남자는 말한다. "나는 살고 싶지 않아." 그리고는 빵! 경찰들은 그가 자살하지 않았다는 것을 안다. 그들은 어떻게 알았을까?

Answers 1a 2b 3d 4c

Answer Key

DAY 01

Word Link   p. 10

- [혼동어: 빌리다/빌려주다] 읽고 알맞은 단어에 동그라미 하세요.
  - borrow: 뭔가를 가지고 가서 돌려주기로 약속하다
  - lend: 자신의 것을 누군가가 사용할 수 있게 해주다
1 나는 내 우산을 내 친구에게 빌려줬다.
2 내가 너의 책을 며칠 동안 빌려도 될까?

DAILY TEST   p. 11

01 borrow 02 ground 03 lend 04 dig
05 tradition 06 umbrellas 07 follow 08 hole
09 전 / ~처럼, ~와 비슷한 10 형 / 깊은
11 명 / 어른, 성인 12 동 / 행동하다 13 corn
14 flour 15 grain 16 rice 17 before, long

DAY 02

Word Link   p. 14

- [-er로 끝나는 명사: ~의 사진을 찍다/사진사] 동사를 직업명으로 바꾸세요.
1 가르치다 → 교사, 선생님 2 노래하다 → 가수

DAILY TEST   p. 15

01 pose 02 group 03 dust 04 balloon 05 fail
06 album 07 hobbies 08 collect 09 air 10 ⓒ
11 ⓐ 12 ⓑ 13 soil 14 shadow 15 clay 16 sand
17 all, over, place

DAY 03

Word Link   p. 18

- ["royal"을 포함하는 표현: 궁궐/왕족 부부/왕가] 읽고 문장을 완성하세요.
  [궁궐 / 왕족 부부 / 왕가]
1 그 왕가는 궁궐에 산다.
2 그 왕족 부부에게는 두 명의 자녀가 있다.

DAILY TEST   p. 19

01 허락하다 02 전통의; 전통적인 03 시장 04 여성, 숙녀
05 국왕, 왕실의 06 palace 07 shelf 08 today
09 gentleman 10 welcome 11 top 12 reach
13 unhappy 14 Look 15 visit 16 Why 17 hit
18 fair 19 allow 20 excuse 21 right, away

DAY 04

Word Link   p. 22

- [dis- 단어 부분: 동의하다/동의하지 않다] 읽고 문장을 완성하세요.
1 우리는 많은 점에서 의견이 다르지만 여전히 좋은 친구다.
2 우리 모두 의견이 일치하면, 회의를 마칩시다.

DAILY TEST   p. 23

01 ⓒ 역사 과목 과제 02 ⓔ 물 한 방울
03 ⓐ 친구들과 의견이 일치하다
04 ⓑ 얼마나 많은 사람들이 05 ⓓ 5층에 06 neighbors
07 mistakes 08 things 09 classmates 10 slowly
11 push 12 punch 13 kick 14 look, around

DAY 05

Word Link   p. 26

- [행성의 순서: 태양 - 수성; 금성; 지구; 화성; 목성; 토성; 천왕성; 해왕성] 읽고 알맞은 단어에 동그라미 하세요.
1 화성은 지구보다 작다.
2 태양계에는 8개의 행성들이 있다.

DAILY TEST   p. 27

01 흔들리다; 흔들다; (몸이) 떨리다 02 무서워하는, 겁먹은
03 혼자인; 외로운; 혼자(서) 04 (촉감으로) 느끼다;
(기분·감정 등이) 들다 05 코미디의, 희극의; 만화책
06 밖에, 밖으로 07 earth 08 apartment
09 magazine 10 through 11 planet 12 read
13 ⓐ 14 ⓓ 15 ⓑ 16 ⓒ 17 share 18 believe
19 lucky 20 other 21 each, other

REVIEW TEST DAY 01~05   pp. 28~29

A 01 follow, old   02 borrow, umbrella
     03 act, adult   04 dig, deep
     05 fail, mathematics 06 pose, group
     07 dust, floats   08 collect, hobby
     09 visit, traditional 10 why, unhappy
     11 welcome, Palace   12 top, shelf
     13 science, project   14 invite, neighbors
     15 drop, floor   16 agree, opinion
     17 read, comic   18 feel, earth
     19 alone, empty   20 left, exit

B 01 grain   02 flour

03 sand
05 allow
07 slowly
09 other
04 soil
06 hit
08 Push
10 share

C 01 couple 02 photographer 03 agree
   04 planets 05 borrow

DAY 06

Word Link p. 32

- ["good"을 포함하는 표현: 큰 가능성/즐거운 시간/좋은 영화] 읽고 문장을 완성하세요.
1 너는 그 파티에서 즐거운 시간을 보냈니?
2 이 게임을 이길 가능성이 크다.

DAILY TEST p. 33

01 good, ⓑ 02 doctor, ⓕ 03 die, ⓒ 04 fire, ⓐ
05 from, ⓔ 06 child, ⓓ 07 power 08 advice
09 danger 10 died 11 health 12 protect 13 power
14 ocean 15 less 16 waste 17 take, away

DAY 07

Word Link p. 36

- [-or로 끝나는 명사: 발명하다/발명가] 동사를 '~하는 사람'으로 바꾸세요.
1 행동하다 → 배우 2 방문하다 → 방문객, 손님

DAILY TEST p. 37

01 nap 02 lunchtime 03 news 04 rumor
05 machine 06 energy 07 full 08 joy 09 thin
10 special 11 spread 12 inventor 13 quick 14 fat
15 thirsty 16 thin 17 cough 18 see, doctor

DAY 08

Word Link p. 40

- [사물과 사람: 시/시인] 읽고 문장을 완성하세요.
1 그 시인은 새 책 집필을 막 끝냈습니다.
2 그는 우정에 관한 시 한 편을 썼습니다.

DAILY TEST p. 41

01 서다 02 시인 03 계단 04 (돈을) 쓰다; (시간을) 보내다
05 (글자를) 쓰다; (책 등을) 쓰다, 집필하다 06 쇼핑몰
07 script 08 snack 09 money 10 eat

11 something 12 poem 13 명 / 맨 아래, 바닥
14 명 / 필요(성) 15 명 / 음료, 마실 것
16 부 / 매우, 대단히 17 동 / (비용·값이) ~이다[들다]
18 mall 19 total 20 pay 21 cost 22 try, on

DAY 09

Word Link p. 44

- [-y로 끝나는 형용사: 자다/졸리는] 읽고 알맞은 단어에 동그라미 하세요.
1 나는 잠을 좀 자야 한다.
2 그는 졸려서 잠자리에 들었다.

DAILY TEST p. 45

01 mind 02 become 03 famous 04 body
05 sleep 06 late 07 smile 08 weekend 09 sleep
10 painter 11 healthy 12 writer 13 visitors
14 sentence 15 alphabet 16 idiom 17 example
18 write, down

DAY 10

Word Link p. 48

- [육류의 종류: 육류/소고기/돼지고기] 읽고 문장을 완성하세요.
1 소고기는 소에서 나온 고기이다.
2 돼지고기는 돼지에서 나온 고기이다.

DAILY TEST p. 49

01 great 02 side 03 active 04 sport 05 mouth
06 meat 07 exciting 08 adventure 09 road
10 movies 11 playing 12 dangerous 13 hall
14 upstairs 15 restroom 16 underground
17 get, on, off

REVIEW TEST DAY 06~10 pp. 50~51

A 01 chance, victory   02 die, airplane
   03 receive, advice   04 protect, danger
   05 nap, lunchtime   06 rumor, spreads
   07 invent, machine   08 full, energy
   09 bottom, stairs   10 spend, money
   11 write, script   12 need, drink
   13 mind, healthy   14 famous, painter
   15 sleep, late   16 greet, smile
   17 exciting, adventure 18 melts, mouth

　　　　19 wide, road　　　20 enjoy, active

B　01 power　　　　02 ocean
　　03 fat　　　　　04 thirsty
　　05 mall　　　　 06 total
　　07 sentence　　 08 example
　　09 hall　　　　 10 restroom

C　01 chance　02 sleepy　03 inventor　04 poem
　　05 Beef

CUMULATIVE TEST DAY 01~10　p. 52

01 따라가다[오다]; (충고·지시 등을) 따르다　02 어른, 성인; 성인의, 다 자란　03 (구멍 등을) 파다　04 포즈를 취하다; 자세, 포즈　05 (물에) 뜨다; (공중에) 떠다니다　06 모으다, 수집하다　07 전통의; 전통적인　08 궁전　09 공정한, 공평한　10 초대[초청]하다　11 떨어지다; 떨어뜨리다; 방울　12 의견, 생각　13 지구; 땅, 지면　14 비어 있는, 빈　15 믿다　16 승리　17 충돌하다, 추락하다; 충돌, 추락　18 받다　19 잠깐의 잠, 낮잠　20 발명하다　21 기쁨, 즐거움　22 (돈을) 쓰다; (시간을) 보내다　23 대본, 각본　24 쇼핑몰　25 건강한; 건강에 좋은　26 유명한　27 맞이하다, 환영하다　28 (식용 짐승의) 고기, 육류　29 (폭이) 넓은　30 (공공장소의) 화장실　31 lend　32 air　33 shelf　34 push　35 exit　36 waste　37 special　38 stair　39 visitor　40 adventure　41 오래지[머지] 않아, 얼마 후　42 곧바로, 즉시　43 서로　44 치우다　45 ~을 입어[신어]보다

DAY 11

Word Link　p. 56

● [합성어: 가로지르다/걷다/횡단보도] 두 단어로 분리하세요.
1 보도 = (좌우 어느 한) 쪽[측] + 걷다
2 글자 맞추기 = 가로지르다 + 단어[낱말]

DAILY TEST　p. 57

01 인기 있는　02 ~때문에, 왜냐하면　03 아픈, 병든　04 거리, 길(거리)　05 10대　06 student　07 grass　08 among　09 crosswalk　10 keep　11 ⓒ　12 ⓒ　13 ⓐ　14 nation　15 human　16 powerful　17 area　18 believe, in

DAY 12

Word Link　p. 60

● [혼동어] 읽고 문장을 완성하세요.
　during + 명사 / while + 절(주어+동사)
1 나는 영화가 상영되는 동안 잠들었다.
2 나는 영화를 보던 중에 잠들었다.

DAILY TEST　p. 61

01 ⓑ 깨진 유리　02 ⓒ 잠이 들다　03 ⓐ 수업 중에　04 ⓓ 모기에게 물린 상처　05 ⓔ 상쾌한 공기　06 fix　07 While　08 meeting　09 nails　10 clock　11 heat　12 fresh　13 freeze　14 fry　15 eat, out

DAY 13

Word Link　p. 64

● [-ing로 끝나는 명사: 의미하다/의미] 동사를 명사로 바꾸세요.
1 그리다 → 그림　2 요리하다 → 요리

DAILY TEST　p. 65

01 word　02 false　03 director　04 wonder　05 give　06 meanings　07 information　08 ⓑ　09 ⓒ　10 ⓐ　11 company　12 director　13 manager　14 partner　15 after, while

DAY 14

Word Link　p. 68

● [유사 의미의 단어: 휴일/휴가] 읽고 알맞은 단어에 동그라미 하세요.
1 새해 첫날은 휴일이다.
2 학교[학기]가 끝났을 때, 우리는 휴가를 갔다.

DAILY TEST　p. 69

01 camp, ⓓ　02 until, ⓒ　03 culture, ⓐ　04 rain, ⓕ　05 teen, ⓑ　06 stay, ⓔ　07 surprised　08 result　09 vacation　10 indoor　11 scene　12 stopped　13 topic　14 discuss　15 dialogue　16 sure　17 by, way

DAY 15

Word Link　p. 72

● [-ly로 끝나는 부사: 보통의/보통] 형용사를 부사로 바꾸

세요.
1 마지막의 → 마침내   2 빠른 → 빨리[빠르게]

DAILY TEST   p. 73

01 cut 02 half 03 idea 04 address 05 usual
06 curious 07 secret 08 recipe 09 than 10 ⓑ
11 ⓒ 12 ⓐ 13 care 14 poor 15 volunteer
16 wheelchair 17 take, care, of

REVIEW TEST DAY 11~15   pp. 74~75

A 01 absent, sick   02 popular, among
   03 keep, off   04 cross, crosswalk
   05 fix, clock   06 asleep, meeting
   07 perfect, hiking   08 habit, nails
   09 focus, schoolwork 10 guess, meaning
   11 false, information 12 wonder, yesterday
   13 surprised, result 14 excited, vacation
   15 stay, indoors   16 understand, culture
   17 wrong, address   18 cut, thick
   19 just, usual   20 curious, secret

B 01 nation   02 powerful
   03 Heat   04 Fry
   05 director   06 manager
   07 topic   08 sure
   09 care   10 poor

C 01 mean 02 sidewalk 03 usual 04 holiday
   05 while

DAY 16

Word Link   p. 78

● [-ist로 끝나는 명사: 예술/예술가] 읽고 문장을 완성하세요.
1 나는 그림을 잘 그리고 화가가 되고 싶다.
2 텔레비전을 예술이라고 부를 수 있을까?

DAILY TEST   p. 79

01 ⓒ 재미있어 보이다 02 ⓕ 방과 후 활동
03 ⓐ 스포츠에 관심 있는 04 ⓔ 백지
05 ⓑ 이 잔을 채우다 06 ⓓ 패션 디자이너 07 kidding
08 canceled 09 outdoor 10 below 11 artists
12 suddenly 13 calendar 14 daytime 15 continue
16 end 17 on, time

DAY 17

Word Link   p. 82

● [혼동어: 천/옷] 읽고 알맞은 단어에 동그라미 하세요.
1 그녀의 코트는 천으로 만들어졌다.
2 나는 겨울 옷을 좀 사야 한다.

DAILY TEST   p. 83

01 last 02 raise 03 national 04 strange
05 dream 06 sour 07 cloth 08 clothes 09 ⓑ
10 ⓓ 11 ⓒ 12 ⓐ 13 bark 14 soft 15 spicy
16 smell 17 feel, like

DAY 18

Word Link   p. 86

● [혼동어] 읽고 문장을 완성하세요.
  boring: 재미없는 / bored: 피곤하고 불만스러운
1 나는 지루해서 TV를 봤어.
2 그 이야기는 정말 지루했어.

DAILY TEST   p. 87

01 prize 02 speed 03 person 04 bottle
05 speech 06 boring 07 plastic 08 zone
09 contest 10 50층 건물 11 1분은 60초이다.
12 여기에 주차하면 안 됩니다. 13 그녀는 굉장한 미인이다.
14 storm 15 terrible 16 heavily 17 raindrop
18 take, off

DAY 19

Word Link   p. 90

● [다의어: 게시하다/부치다] 읽고 알맞은 의미를 고르세요.
1 나는 일주일 전에 카드를 부쳤다.
2 나는 웹사이트에 사진을 게시했다.

DAILY TEST   p. 91

01 경기장, 스타디움 02 대통령; (은행·회사의) 회장[-장]
03 (크기·정도가) 엄청난, 거대한 04 수준, 단계
05 싸다, 포장하다; (몸을) (감)싸다
06 디자인; 디자인하다, 설계하다 07 building
08 letter 09 deliver 10 newspaper 11 glass
12 new 13 ⓐ 14 ⓒ 15 ⓑ 16 level 17 review
18 quiz 19 report 20 hand, in

DAY 20

Word Link　　　　　　　　p. 94

● [마을/소도시/도시] 읽고 알맞은 단어에 동그라미 하세요.
1 Village(마을)는 시골의 작은 마을이다.
2 LA는 미국에서 가장 큰 도시들 중의 하나이다.

DAILY TEST　　　　　　　　p. 95

01 ⓑ 맛있는 디저트　02 ⓔ 크게 환호[응원]하다
03 ⓓ 테니스 선수　04 ⓐ 박수를 치기 시작하다
05 ⓒ 보스턴으로 이사하다　06 meals　07 between
08 serve　09 thousand　10 vet　11 designer
12 nurse　13 reporter　14 be, good, at

REVIEW TEST DAY 16~20　　　pp. 96~97

A 01 fill, below　　02 interested, fashion
　 03 suddenly, game　04 fun, outdoor
　 05 national, flag　　06 strange, last
　 07 dry, wet　　　　 08 hate, sour
　 09 recycle, plastic　10 beauty, contest
　 11 park, zone　　　12 boring, speech
　 13 wrap, newspaper 14 deliver, letter
　 15 huge, stadium　 16 choose, president
　 17 between, brands 18 move, city
　 19 cheap, tasty　　 20 cheer, players

B 01 daytime　　　　02 calendar
　 03 soft　　　　　　04 spicy
　 05 storm　　　　　06 terrible
　 07 level　　　　　　08 quiz
　 09 reporter　　　　10 vet

C 01 art　02 posted　03 clothes　04 town
　 05 bored

CUMULATIVE TEST DAY 11~20　　p. 98

01 인기 있는　02 ~에(서); ~에　03 국가, 나라　04 ~ 동안 (내내)　05 습관, 버릇　06 신선한, 갓 딴[만든]; 상쾌한　07 틀린; 거짓의, 가짜의　08 궁금하다; 놀라움, 경탄　09 회사　10 휴일, 공휴일　11 ~까지; ~할 때까지　12 문화　13 주소　14 ~보다　15 가난한; 불쌍한　16 ~ 아래에; 아래[밑]에　17 취소하다　18 계속되다; 계속하다　19 기, 깃발　20 몹시 싫어하다　21 (맛이) 신, 시큼한; (우유 등이) 상한　22 병; 한 병(의 양)　23 지루해[따분해]하는　24 연설　25 싸다, 포장

하다; (몸을) (감)싸다　26 (크기·정도가) 엄청난, 거대한　27 (간단한) 시험[테스트]; 퀴즈　28 (음식을) 제공하다; (손님을) 응대하다　29 맛있는　30 환호하다; 응원하다　31 sick　32 broken　33 information　34 holiday　35 secret　36 suddenly　37 clothes　38 park　39 deliver　40 vet　41 ~이 존재함을 믿다　42 그나저나, 그런데　43 ~을 돌보다　44 시간을 어기지 않고, 제시간에　45 ~을 벗다; (비행기가) 이륙하다

DAY 21

Word Link　　　　　　　　p. 102

● ["sore"을 포함하는 표현: 아픈 팔/아픈 발/따가운 목] 읽고 문장을 완성하세요.
1 그녀는 감기에 걸려서 목이 심하게 아프다.
2 공을 던진 후 나의 왼쪽 팔은 아팠다.

DAILY TEST　　　　　　　　p. 103

01 sore, ⓐ　02 map, ⓓ　03 rope, ⓔ　04 hurt, ⓕ
05 tie, ⓑ　06 lot, ⓒ　07 real　08 discovered　09 trunk
10 record　11 treasure　12 throat　13 million
14 count　15 dozen　16 hundred　17 at, last

DAY 22

Word Link　　　　　　　　p. 106

● [Anything과 Nothing의 쓰임] 같은 의미가 되도록 문장을 완성하세요.
그 상자 안에는 아무것도 없다.
= 그 상자 안에는 아무것도 있지 않다.
나는 내 가방에 아무것도 갖고 있지 않다.

DAILY TEST　　　　　　　　p. 107

01 feelings　02 matter　03 headache　04 main
05 hide　06 window　07 death　08 wonderful
09 ⓓ　10 ⓐ　11 ⓒ　12 ⓑ　13 clever　14 brave
15 honest　16 wise　17 give, up

DAY 23

Word Link　　　　　　　　p. 110

● [-ness로 끝나는 명사: 아픈/병] 읽고 문장을 완성하세요.
1 독감은 심각한 병이 될 수 있다.
2 톰은 아파서 올 수 없다.

| DAILY TEST | p. 111 |

01 음악의, 음악적인; 뮤지컬 02 만화; 만화 영화
03 일부, 약간; 부분 04 아직도, 여전히; 가만히 있는
05 창조하다, 만들어 내다 06 favorite 07 fever 08 cute
09 illness 10 throw 11 ⓑ 12 ⓒ 13 ⓐ 14 ⓒ
15 friendship 16 role 17 friendly 18 dear
19 count, on

🟩 DAY 24

| Word Link | p. 114 |

● [공항 관련 단어: 공항/탑승구/비행기] 읽고 문장을 완성하세요.
1 그 비행기는 공항에서 이륙했다.
2 사람들은 6A탑승구에서 기다리고 있다.

| DAILY TEST | p. 115 |

01 job, ⓑ 02 fact, ⓓ 03 later, ⓔ 04 let, ⓒ
05 check, ⓐ 06 find, ⓕ 07 important 08 interview
09 gate 10 introduce 11 trouble 12 foreigners
13 court 14 score 15 teamwork 16 excellent
17 cheer, up

🟩 DAY 25

| Word Link | p. 118 |

● [쇼핑 관련 단어: 쇼핑/세일/쿠폰] 읽고 문장을 완성하세요.
1 그 가게는 선글라스를 대대적으로 세일 중이다.
2 그녀는 커피를 사는 데 쿠폰을 사용했다.

| DAILY TEST | p. 119 |

01 blood 02 item 03 gather 04 type 05 woods
06 most 07 coupon 08 sale 09 Snow 10 Wood
11 forest 12 tree 13 throw 14 moonlight
15 scientist 16 spaceship 17 space 18 find, out

| REVIEW TEST DAY 21~25 | pp. 120~121 |

A 01 tie, rope   02 throat, lot
   03 real, map   04 almost, diary
   05 hide, feelings   06 view, window
   07 say, matter   08 main, death
   09 throw, rock   10 favorite, film
   11 still, fever   12 create, character
   13 introduce, foreigners 14 trouble, gate
   15 check, later   16 interview, tomorrow
   17 gather, wood   18 which, sale
   19 most, blood   20 burn, trash

B 01 dozen   02 million
   03 brave   04 honest
   05 friendship   06 role
   07 score   08 excellent
   09 space   10 Moonlight

C 01 arm 02 illness 03 anything 04 coupon
   05 plane, airport

🟩 DAY 26

| DAILY TEST | p. 127 |

01 missed 02 booked 03 nature 04 lay 05 field
06 block 07 ⓑ 08 ⓑ 09 ⓐ

🟩 DAY 27

| DAILY TEST | p. 131 |

01 흔들렸다 02 순서 03 감동시켰다 04 지폐
05 참석[출석]한 06 무료의, 공짜의 07 (뾰족한) 끝
08 shouldn't 09 actors 10 the guitar

🟩 DAY 28

| DAILY TEST | p. 135 |

01 부끄럼을 타는, 수줍어하는
02 (우묵한) 그릇; 한 그릇(의 양) 03 긴 의자, 소파
04 ~의 옆에 05 corner 06 think 07 lazy 08 twin
09 pillows, selling 10 price, roof

🟩 DAY 29

| DAILY TEST | p. 139 |

01 이발; 헤어스타일 02 웅덩이[못]; 수영장 03 (시골) 마을
04 아래층으로[에서] 05 clerk 06 blind 07 bucket
08 tongue 09 butterflies, stomach
10 nobody, smart

🟩 DAY 30

| DAILY TEST | p. 143 |

01 스토브, 난로; 가스레인지 02 고무 03 어리석은

04 걱정하는 05 cart 06 everywhere 07 drawer
08 already 09 spill, beans 10 piece

REVIEW TEST DAY 26~30   pp. 144~145

A 01 d 02 c 03 a 04 b 05 a 06 c 07 c

B 01 think outside the box
02 Practice makes perfect
03 bite my tongue
04 throw in the towel
05 just around the corner
06 in the same boat

Pop Quiz! couch, potato

CUMULATIVE TEST DAY 21~30   p. 146

01 밧줄, 로프 02 (조금만 닿아도) 아픈, 따가운 03 보물; 소중한 것[사람] 04 감추다[숨기다]; 숨다 05 문제, 일; 문제가 되다, 중요하다 06 용기 있는, 용감한 07 던지다 08 아직도, 여전히; 가만히 있는 09 창조하다, 만들어내다 10 문, 출입문 11 사실 12 면접; 인터뷰[회견] 13 모이다; 모으다 14 (불에) 타다; 태우다 15 쓰레기 16 잡고[들고] 있다; 열다, 개최하다 17 가라앉다; 싱크대 18 (해·전등 등의) 빛; (전깃)불, (전)등; 가벼운 19 경기, 시합; 성냥 20 만지다; 감동시키다 21 순서; 명령하다; 주문하다 22 연습하다; 연습 23 생각하다 24 쌍둥이; 쌍둥이의 25 (시골) 마을 26 점원, 직원 27 (주로 납작하고 둥근) 접시 28 (스포츠 팀의) 코치 29 엎지르다, 쏟다; 쏟아지다 30 스토브, 난로; 가스레인지 31 find 32 honest 33 fever 34 later 35 type 36 land 37 square 38 lazy 39 war 40 basket 41 말씨름 42 서먹서먹한[딱딱한] 분위기를 깨다 43 식은 죽 먹기 44 (무심코) 비밀을 말하다, 누설하다 45 영리한 사람, 속이기 힘든 사람

Index

A
absent	054
act	009
active	047
activity	077
address	070
adult	009
adventure	046
advice	031
after a while	064
agree	021
air	013
airplane	030
airport	112
album	013
all over the place	014
allow	018
almost	101
alone	025
alphabet	044
already	140
also	132
always	035
among	054
another	092
anything	105
apartment	025
area	056
art	076
artist	076
asleep	058
at	055
at last	102

B
bad	080
balloon	013
band	128
bark	082
basket	140
be good at	094
bean	140
beat	129
beauty	084
because	054
become	042
beef	046
before long	010
believe	026
believe in	056
below	076
beside	132
between	092
bill	128
bite	059
blank	076
blind	136
block	126
blood	117
board	131
boat	140
body	042
book	124
bored	085
boring	085
borrow	008
both	047
bottle	084
bottom	038
bowl	132
brand	092
brave	106
broken	058
bucket	136
building	089
burn	117
butterfly	136
by the way	068

C
calendar	078
camp	066
cancel	077
cap	140
care	072
cart	140
cartoon	109
catch	125
cause	105
cell phone	008
chance	030
character	109
cheap	093
check	113
cheer	093
cheer up	114
child	031
choice	092
choose	089
city	092
clap	093
classmate	020
clay	014
clerk	136
clever	106
clock	058
cloth	081
clothes	081
coach	140
coin	013
collect	013
comic	024
common	117
company	064
contest	084
continue	078
corn	010
corner	132
cost	040
couch	132
cough	036
count	102
count on	110
country	089
coupon	116
court	114
crash	030
create	109
creative	132

Index • 155

cross	055
crosswalk	055
culture	067
curious	071
cut	070
cute	109

D

danger	031
dangerous	047
day	059
daytime	078
dead	117
dear	110
death	105
deep	009
deliver	088
design	089
designer	094
dialogue	068
diary	101
die	030
dig	009
dinner	020
director	064
disagree	021
discover	101
discuss	068
doctor	031
downstairs	136
dozen	102
drawer	140
dream	080
drink	039
drop	021
dry	081
during	058
dust	013

E

each other	026
earth	024
eat	039
eat out	060
empty	025
end	078
energy	035
enjoy	047
everyone	136
everything	101
everywhere	140
examination	012
example	044
excellent	114
excited	066
exciting	046
excuse	018
exit	025

F

fact	113
fail	012
fair	018
false	063
famous	042
fashion	076
fat	036
favorite	108
feel	024
feel like	082
feeling	104
fever	109
field	124
fight	136
fill	076
film	108
find	112
find out	118
fire	030
fix	058
flag	080
float	013
floor	021
flour	010
focus	062
follow	008
fool	009
foolish	140
foreigner	112
free	130
freeze	060
fresh	060
friendly	110
friendship	110
from	031
fry	060
fuel	116
full	035
fun	077

G

game	077
gas	127
gate	112
gather	116
gentleman	017
get off	048
get on	048
give	063
give up	106
glass	088
good	030
grain	010
grass	055
great	046
greet	043
ground	009
group	012
guess	062

H

habit	059
haircut	136
half	070
hall	048
hand in	090
happen	063
hate	081
have	059

headache	105	
health	031	
healthy	042	
heat	060	
heavily	086	
hero	136	
hide	104	
hiking	059	
hit	018	
hobby	013	
hold	124	
hole	009	
holiday	066	
honest	106	
honey	132	
hour	071	
however	132	
huge	089	
human	056	
hundred	102	
hurt	100	

I

ice	140
idea	070
idiom	044
ill	109
illness	109
important	113
indoor	067
information	063
interested	076
interview	113
introduce	112
invent	035
inventor	035
invite	020
island	112
item	116

J

job	113
joy	035
just	071

K

keep	055
kick	022
kid	077

L

lady	017
land	125
last	080
late	043
later	113
lazy	132
leaf	117
left	025
lend	008
less	032
let	113
letter	088
level	090
lie	127
lift	108
light	126
like	009
look	016
look around	022
lot	100
lucky	026
lunchtime	034

M

machine	035
magazine	024
mail	088
main	105
mall	040
manager	064
map	101
market	016
match	128
mathematics	012
matter	105
maybe	132
meal	093
mean	062
meaning	062
meat	046
meeting	058
melt	046
million	102
mind	042
miss	126
mistake	021
money	038
moonlight	118
most	117
mouth	046
move	092
much	038
musical	108

N

nail	059
nap	034
nation	056
national	080
nature	125
need	039
neighbor	020
new	089
news	034
newspaper	088
nobody	136
nothing	105
nurse	094

O

ocean	032
off	055
old	008
on	021
on time	078
only	062
opinion	021
order	130
other	026

out	025		punch	022		science	020
outdoor	077		push	022		scientist	118
outside	081					score	114
						script	039
P			**Q**			second	084
painter	042		quick	034		secret	071
palace	017		quickly	034		see a doctor	036
paper	070		quiz	090		sell	132
park	085					sentence	044
part	108		**R**			serve	093
partner	064		rain	067		set	130
pay	040		raindrop	086		shadow	014
peace	136		raise	080		shake	024
people	020		reach	017		share	026
perfect	059		read	024		shelf	017
person	085		real	101		shell	132
photograph	012		receive	031		shower	129
photographer	012		recipe	071		shy	132
picnic	059		record	101		sick	054
piece	140		recycle	084		side	047
pillow	132		report	090		sidewalk	055
planet	024		reporter	094		singer	132
plastic	084		restroom	048		sink	125
plate	136		result	066		sleep	043
player	093		review	090		sleepy	043
please	124		rice	010		slowly	022
poem	039		rich	136		smart	136
poet	039		right away	018		smell	082
point	130		road	047		smile	043
pool	136		rock	108		snack	038
poor	072		role	110		soft	082
popular	054		roof	132		soil	014
pose	012		rope	100		something	039
post	088		royal	017		sometimes	043
power	032		rubber	140		sore	100
powerful	056		rumor	034		sour	081
practice	132					space	118
present	131		**S**			spaceship	118
president	089		sale	116		special	035
price	132		sand	014		speech	085
prize	084		say	105		speed	085
project	020		scared	025		spend	038
protect	031		scene	066		spicy	082
			schoolwork	062			

spill	140
sport	047
spread	034
square	129
stadium	089
stage	128
stair	038
stand	038
stay	067
stick	126
still	109
stomach	136
stop	067
store	125
storm	086
story	085
stove	140
strange	080
straw	124
street	055
student	054
suddenly	077
sun	140
sure	068
surprised	066

T

take away	032
take care of	072
take off	086
taste	081
tasty	093
teamwork	114
teen	067
teenager	054
terrible	086
than	071
thick	070
thin	036
thing	021
think	132
thirsty	036
thousand	093
throat	100
through	025
throw	108
tie	100
tiny	136
tip	128
today	016
tomorrow	113
tongue	136
tonight	077
top	017
topic	068
total	040
touch	129
towel	140
tower	104
town	092
tradition	008
traditional	016
trash	117
treasure	101
trouble	112
true	104
trunk	100
try on	040
twin	132
type	117

U

umbrella	008
under	140
underground	048
understand	067
unhappy	016
until	067
upstairs	048
useful	063
usual	071
usually	071

V

vacation	066
vet	094
victory	030
view	104
village	136
visit	016
visitor	043
volunteer	072

W

war	136
waste	032
wave	129
weekend	043
welcome	017
wet	081
what	063
wheelchair	072
which	116
while	058
why	016
wide	047
wife	140
window	104
wise	106
wonder	063
wonderful	104
wood	116
word	062
worried	140
wrap	088
write	039
write down	044
writer	042
wrong	070

Y

yesterday	063

Z

zone	085

MEMO

Vocabulary with video
LiVE

WORKBOOK

2

Intermediate

누적 테스트 02일차

score / 40

01	adult		21	구멍; 구덩이	h
02	follow		22	밀가루	f
03	lend		23	(구멍 등을) 파다	d
04	like		24	땅(바닥), 지면	g
05	tradition		25	옥수수	c
06	collect		26	수학	m
07	examination		27	사진작가, 사진사	p
08	album		28	토양, 흙	s
09	dust		29	(물에) 뜨다; (공중에) 떠다니다	f
10	sand		30	점토, 찰흙	c
11	all over the place		31	무리[집단/그룹]	g
12	balloon		32	동전	c
13	shadow		33	취미	h
14	fail		34	사진	p
15	pose		35	공기, 대기; 공중	a
16	old		36	밥, 쌀	r
17	borrow		37	우산	u
18	act		38	곡물; (곡식의) 낟알; (모래·소금 따위의) 알갱이	g
19	fool		39	휴대전화	c
20	deep		40	오래지[머지] 않아, 얼마 후	b

누적 테스트 03일차

01	clay	21	전통 — t
02	before long	22	빌려주다 — l
03	float	23	깊은; 깊이, 깊은 곳에 — d
04	grain	24	시험; 검사 — e
05	photographer	25	그림자 — s
06	reach	26	시장 — m
07	lady	27	선반; (책장의) 칸 — s
08	unhappy	28	방문하다, 방문 — v
09	royal	29	오늘 — t
10	excuse	30	궁전 — p
11	why	31	실패하다; (시험에) 떨어지다 — f
12	hit	32	전통의; 전통적인 — t
13	look	33	맞이하다, 환영하다 — w
14	fair	34	허락하다 — a
15	top	35	신사, 양반 — g
16	hole	36	모래; 모래사장 — s
17	coin	37	빌리다 — b
18	soil	38	따라가다[오다]; (충고·지시 등을) 따르다 — f
19	ground	39	곧바로, 즉시 — r
20	flour	40	사방에, 모든 곳에 — a

누적 테스트 04일차

01	group	21 사진	p
02	air	22 바보; 속이다	f
03	dig	23 나이 든, 늙은; 오래된	o
04	shelf	24 모으다, 수집하다	c
05	hobby	25 전통의; 전통적인	t
06	umbrella	26 공정한, 공평한	f
07	welcome	27 사진첩[앨범]; (음악) 앨범	a
08	cell phone	28 어른, 성인; 성인의, 다 자란	a
09	right away	29 용서하다, 봐주다; 변명	e
10	mathematics	30 풍선	b
11	people	31 것, 물건; 일	t
12	agree	32 이웃(사람)	n
13	kick	33 과학	s
14	on	34 (실내의) 바닥; (건물의) 층	f
15	punch	35 저녁 (식사)	d
16	project	36 의견, 생각	o
17	disagree	37 급우, 반 친구	c
18	push	38 초대[초청]하다	i
19	mistake	39 느리게, 천천히	s
20	drop	40 (주위를) 둘러보다, 구경하다	l

누적 테스트 05일차

#	English		#	Korean	Hint
01	like		21	전통	t
02	deep		22	빌려주다	l
03	fail		23	구멍; 구덩이	h
04	float		24	동전	c
05	examination		25	수학	m
06	palace		26	불행한, 슬픈	u
07	hit		27	방문하다; 방문	v
08	look		28	동의하다, 의견이 일치하다	a
09	classmate		29	떨어지다; 떨어뜨리다; 방울	d
10	look around		30	느리게, 천천히	s
11	shake		31	아파트	a
12	other		32	행성	p
13	empty		33	잡지	m
14	left		34	혼자인; 외로운; 혼자(서)	a
15	scared		35	읽다	r
16	share		36	지구; 땅, 지면	e
17	through		37	출구	e
18	comic		38	믿다	b
19	feel		39	운이 좋은; 행운의	l
20	out		40	서로	e

누적 테스트 06일차

월　　　일 | score / 40

01 before long _____
02 all over the place _____
03 traditional _____
04 gentleman _____
05 neighbor _____
06 invite _____
07 thing _____
08 each other _____
09 alone _____
10 planet _____
11 protect _____
12 die _____
13 child _____
14 less _____
15 from _____
16 chance _____
17 crash _____
18 good _____
19 power _____
20 ocean _____

21 빌려주다　　l _____
22 사진작가, 사진사　　p _____
23 국왕의, 왕실의　　r _____
24 사람들; 국민　　p _____
25 실수, 잘못　　m _____
26 의견, 생각　　o _____
27 무서워하는, 겁먹은　　s _____
28 함께 쓰다, 공유하다; 나누다　　s _____
29 흔들리다; 흔들다; (몸이) 떨리다　　s _____
30 (촉감으로) 느끼다; (기분·감정 등이) 들다　　f _____
31 의사　　d _____
32 불; 화재　　f _____
33 받다　　r _____
34 위험(성)　　d _____
35 승리　　v _____
36 충고, 조언　　a _____
37 건강　　h _____
38 낭비하다, 낭비　　w _____
39 비행기　　a _____
40 치우다　　t _____

누적 테스트 07일차

| # | 월 | 일 | score | / 40 |

01 grain
02 float
03 reach
04 disagree
05 drop
06 floor
07 left
08 earth
09 magazine
10 take away
11 waste
12 danger
13 victory
14 see a doctor
15 full
16 energy
17 special
18 cough
19 thin
20 always

21 그림자 s
22 잠깐의 잠, 낮잠 n
23 시장 m
24 발명하다 i
25 밀다 p
26 ~을 통해, ~을 지나서 t
27 밖에, 밖으로 o
28 비어 있는, 빈 e
29 힘, 능력; 동력, 에너지 p
30 충돌하다, 추락하다; 충돌, 추락 c
31 보호하다, 지키다 p
32 ~에서(부터); ~부터 f
33 펴다; 퍼지다; 퍼뜨리다 s
34 빠른, 신속한 q
35 목이 마른, 갈증이 나는 t
36 소문 r
37 기계 m
38 점심시간 l
39 곧바로, 즉시 r
40 (주위를) 둘러보다, 구경하다 l

누적 테스트 08일차

#	English		#	Korean	Hint
01	fool		21	시험; 검사	e
02	hobby		22	보다; (~하게) 보이다	l
03	excuse		23	것, 물건; 일	t
04	project		24	급우, 반 친구	c
05	believe		25	코미디의, 희극의; 만화책	c
06	exit		26	아파트	a
07	other		27	더 적게, 덜하게; 더 적은	l
08	advice		28	특별한, 특수한	s
09	airplane		29	받다	r
10	health		30	기쁨, 즐거움	j
11	quickly		31	소식; (신문·방송 등의) 뉴스	n
12	fat		32	발명가	i
13	mall		33	(글자를) 쓰다; (책 등을) 쓰다, 집필하다	w
14	need		34	대본, 각본	s
15	total		35	(한 편의) 시(詩)	p
16	stair		36	무엇, 어떤 것	s
17	pay		37	(돈을) 쓰다; (시간을) 보내다	s
18	bottom		38	돈	m
19	much		39	병원에 가다, 진찰을 받다	s
20	drink		40	~을 입어[신어]보다	t

누적 테스트 09일차

#	English		#	Korean	Hint
01	borrow		21	모으다, 수집하다	c
02	air		22	불행한, 슬픈	u
03	fair		23	이웃(사람)	n
04	punch		24	초대[초청]하다	i
05	share		25	화가	p
06	scared		26	의사	d
07	chance		27	아이, 어린이; 자식[자녀]	c
08	ocean		28	좋은, 훌륭한; 즐거운, 기쁜	g
09	spread		29	항상, 언제나	a
10	nap		30	기침하다; 기침	c
11	machine		31	서다	s
12	cost		32	시인	p
13	try on		33	계단	s
14	snack		34	맞이하다, 환영하다	g
15	idiom		35	유명한	f
16	smile		36	알파벳	a
17	healthy		37	주말	w
18	sentence		38	때때로, 가끔	s
19	visitor		39	서로	e
20	mind		40	~을 적다	w

누적 테스트 10일차

01	ground		21	사진	p
02	clay		22	선반; (책장의) 칸	s
03	palace		23	과학	s
04	push		24	떨어지다; 떨어뜨리다; 방울	d
05	lucky		25	읽다	r
06	planet		26	보호하다, 지키다	p
07	fire		27	승리	v
08	less		28	가득 찬; 배가 부른	f
09	see a doctor		29	힘, 기운; 에너지, 동력 자원	e
10	quick		30	합계, 총액; 총, 전체의	t
11	script		31	먹다	e
12	late		32	예[사례/보기]	e
13	become		33	졸리는	s
14	body		34	작가	w
15	weekend		35	건강한	h
16	great		36	위험한	d
17	get on		37	지하의; 지하에	u
18	side		38	신나는, 흥미진진한	e
19	melt		39	모험	a
20	restroom		40	위층으로[에서]	u

누적 테스트 11일차

01	right away		21	급우, 반 친구	c
02	dinner		22	~을 통해, ~을 지나서	t
03	empty		23	충고, 조언	a
04	crash		24	낭비하다; 낭비	w
05	inventor		25	목이 마른, 갈증이 나는	t
06	lunchtime		26	필요하다; 필요(성)	n
07	something		27	마시다; 음료, 마실 것	d
08	bottom		28	숙어, 관용구	i
09	sometimes		29	문장	s
10	sleep		30	마음, 정신; 꺼리다[싫어하다], 상관하다	m
11	painter		31	쇠[소]고기	b
12	meat		32	입	m
13	both		33	(폭이) 넓은	w
14	active		34	즐기다	e
15	hall		35	스포츠, 운동	s
16	among		36	(가로질러) 건너다; 가로지르다	c
17	keep		37	영향력 있는; 강력한	p
18	area		38	결석한	a
19	because		39	10대	t
20	grass		40	~이 존재함을 믿다	b

누적 테스트 12일차

01	reach	21	초대[초청]하다 — i
02	look around	22	잡지 — m
03	shake	23	비행기 — a
04	take away	24	빨리[빠르게] — q
05	joy	25	기계 — m
06	stair	26	(한 편의) 시(詩) — p
07	spend	27	늦은, 지각한; 늦게 — l
08	sleepy	28	미소 짓다, (생긋) 웃다; 미소, 웃음 — s
09	adventure	29	잠이 든, 자고 있는 — a
10	exciting	30	(공공장소의) 화장실 — r
11	upstairs	31	녹다; 녹이다 — m
12	sidewalk	32	아픈, 병든 — s
13	off	33	학생 — s
14	human	34	국가, 나라 — n
15	crosswalk	35	인기 있는 — p
16	while	36	습관, 버릇 — h
17	fry	37	얼다; 얼리다 — f
18	fix	38	회의, 모임 — m
19	perfect	39	~에 타다 — g
20	during	40	외식하다 — e

누적 테스트 13일차

#	영어		#	한국어	
01	welcome		21	동의하다, 의견이 일치하다	a
02	slowly		22	아파트	a
03	each other		23	아이, 어린이; 자식[자녀]	c
04	danger		24	잠깐의 잠, 낮잠	n
05	rumor		25	정보, 자료	i
06	pay		26	많은; 매우, 대단히	m
07	write down		27	알파벳	a
08	famous		28	복도; 홀, 강당	h
09	road		29	위험한	d
10	sport		30	보도, 인도	s
11	absent		31	(상태를) 유지하다; 계속하다	k
12	believe in		32	~중[사이]에	a
13	nail		33	깨진, 고장난	b
14	clock		34	신선한, 갓 딴[만든]; 상쾌한	f
15	day		35	하이킹, 도보 여행	h
16	focus		36	회사	c
17	wonder		37	학업, 학교 공부	s
18	manager		38	(일·사건 등이) 일어나다	h
19	false		39	~을 입어[신어]보다	t
20	director		40	잠시 후에	a

누적 테스트 14일차

01	allow		21	급우, 반 친구	c
02	kick		22	믿다	b
03	exit		23	바다; 대양	o
04	chance		24	결과	r
05	energy		25	서다	s
06	mall		26	늦은, 지각한; 늦게	l
07	sentence		27	주말	w
08	enjoy		28	(식용 짐승의) 고기, 육류	m
09	active		29	지하의; 지하에	u
10	teenager		30	~때문에, 왜냐하면	b
11	area		31	소풍, 피크닉	p
12	bite		32	~하는 동안; ~인 데 반하여	w
13	heat		33	동료, 동업자; (춤·게임 등의) 상대, 파트너	p
14	only		34	추측[짐작]하다; 추측, 짐작	g
15	mean		35	어제	y
16	scene		36	이해하다	u
17	vacation		37	신이 난, 흥분한	e
18	stay		38	대화, 회화	d
19	topic		39	병원에 가다, 진찰을 받다	s
20	until		40	그나저나, 그런데	b

누적 테스트 15일차

01	mistake		21	왼쪽의; 왼쪽	l
02	less		22	충돌하다, 추락하다; 충돌, 추락	c
03	thin		23	발명하다	i
04	cost		24	맨 아래, 바닥; 맨 아래의	b
05	example		25	건강한; 건강에 좋은	h
06	beef		26	입	m
07	at		27	위층으로[에서]	u
08	cross		28	풀, 잔디	g
09	have		29	(결함 없는) 완벽한; (목적에) 꼭 알맞은	p
10	eat out		30	(벽에 걸거나 실내에 두는) 시계	c
11	happen		31	뜻, 의미	m
12	word		32	유용한, 쓸모 있는	u
13	what		33	놀란, 놀라는	s
14	camp		34	휴일, 공휴일	h
15	discuss		35	문화	c
16	just		36	호기심이 많은, 궁금한	c
17	take care of		37	자원봉사자; 자원봉사 하다	v
18	wrong		38	보통, 대개	u
19	poor		39	휠체어	w
20	half		40	요리법	r

누적 테스트 16일차

월　　　일 | score　　/ 40

01 science
02 comic
03 spread
04 poet
05 visitor
06 dangerous
07 teenager
08 keep
09 fry
10 schoolwork
11 information
12 stop
13 excited
14 cut
15 than
16 fun
17 daytime
18 below
19 blank
20 continue

21 좋은, 훌륭한; 즐거운, 기쁜　g
22 항상, 언제나　a
23 관심[흥미] 있는　i
24 작가　w
25 모험　a
26 둘 다의, 양쪽의; 둘 다, 양쪽　b
27 보도, 인도　s
28 잠이 든, 자고 있는　a
29 물다; 물린 상처　b
30 경영자[관리자]　m
31 실내의; 실내에서　i
32 10대; 10대의　t
33 주소　a
34 두꺼운, 굵은　t
35 한 시간; 시각, 시　h
36 취소하다　c
37 (특정 분야의) 활동　a
38 유행; 패션, 의류업계　f
39 ~을 입어[신어]보다　t
40 시간을 어기지 않고, 제시간에　o

누적 테스트 17일차

#	영어		#	우리말	영어
01	look around		21	운이 좋은; 행운의	l
02	special		22	국가의, 국가적인	n
03	pay		23	무엇, 어떤 것	s
04	weekend		24	이상한; 낯선	s
05	get off		25	(폭이) 넓은	w
06	popular		26	인간[사람]의; 인간, 사람	h
07	fix		27	하이킹, 도보 여행	h
08	nail		28	뜻하다[의미하다]	m
09	guess		29	옷, 의복	c
10	rain		30	머무르다; 머무름, 체류	s
11	vacation		31	종이	p
12	curious		32	(개 등이) 짖다	b
13	secret		33	달력	c
14	kid		34	갑자기	s
15	fill		35	예술가, 화가	a
16	raise		36	치우다	t
17	last		37	~을 적다	w
18	outside		38	잠시 후에	a
19	taste		39	~을 돌보다	t
20	spicy		40	~할 마음이 나다; ~처럼 느끼다	f

누적 테스트 18일차

#	English	#	Korean	hint
01	power	21	무서워하는, 겁먹은	s
02	inventor	22	마시다; 음료, 마실 것	d
03	mind	23	지하의; 지하에	u
04	melt	24	학생	s
05	off	25	~동안 (내내)	d
06	day	26	얼다; 얼리다	f
07	focus	27	틀린; 거짓의, 가짜의	f
08	partner	28	(연극·영화 등의) 장면; (행위·사건의) 현장[장소]	s
09	dialogue	29	확신하는[확실한]	s
10	idea	30	평소의, 보통의	u
11	care	31	게임[놀이/경기]	g
12	art	32	끝나다; 끝내다; 끝, 마지막	e
13	interested	33	기, 깃발	f
14	dry	34	꿈; 꿈을 꾸다	d
15	sour	35	냄새가 나다; 냄새를 맡다; 냄새	s
16	second	36	연설	s
17	heavily	37	지루해[따분해]하는	b
18	speed	38	(폐품을) 재활용[재생]하다	r
19	bottle	39	대회, 콘테스트	c
20	raindrop	40	~을 벗다; (비행기가) 이륙하다	t

누적 테스트 19일차

01	fire		21	빨리[빠르게]	q
02	total		22	문장	s
03	hall		23	즐기다	e
04	crosswalk		24	~때문에, 왜냐하면	b
05	while		25	깨진; 고장 난	b
06	yesterday		26	주다	g
07	until		27	학업, 학교 공부	s
08	culture		28	(물건 등을) 배달하다	d
09	recipe		29	딱[꼭]; 방금, 막; 그저, 단지	j
10	activity		30	반, 절반; 반[절반]의	h
11	calendar		31	오늘 밤(에); 오늘 밤	t
12	feel like		32	부드러운	s
13	bad		33	천, 옷감	c
14	story		34	상, 상품	p
15	park		35	끔찍한; 심한	t
16	wrap		36	신문; 신문지	n
17	mail		37	경기장, 스타디움	s
18	level		38	보고(서); 보고하다	r
19	huge		39	그나저나, 그런데	b
20	country		40	~을 제출하다	h

누적 테스트 20일차

01	receive	21 기계	m
02	poem	22 ~이 되다, ~해지다	b
03	side	23 아픈, 병든	s
04	powerful	24 데우다, 열	h
05	bite	25 (일·사건 등이) 일어나다	h
06	company	26 야영지; 캠프; 야영[캠핑]하다	c
07	topic	27 가난한; 불쌍한	p
08	wrong	28 보통, 대개	u
09	cancel	29 재미, 즐거움; 재미있는, 즐거운	f
10	on time	30 몹시 싫어하다	h
11	clothes	31 지역, 구역	z
12	bark	32 플라스틱; 플라스틱으로 된	p
13	beauty	33 폭풍, 폭풍우	s
14	glass	34 우편(물); (우편물을) 부치다; (웹사이트에) 게시하다	p
15	letter	35 건물[빌딩]	b
16	another	36 ~사이에	b
17	player	37 맛있는	t
18	vet	38 디자이너	d
19	be good at	39 1,000, 천	t
20	serve	40 선택(하는 행동); 선택권	c

누적 테스트 21일차

01 energy		21 의사	d
02 late		22 대본, 각본	s
03 cross		23 (공공장소의) 화장실	r
04 eat out		24 습관, 버릇	h
05 only		25 추측[짐작]하다; 추측, 짐작	g
06 sure		26 결과	r
07 take care of		27 요리법	r
08 artist		28 계속되다; 계속하다	c
09 fashion		29 마지막의; 지난	l
10 wet		30 매콤한, 자극적인	s
11 recycle		31 재미없는, 지루한	b
12 prize		32 대통령; (은행·회사의) 회장[-장]	p
13 choose		33 디자인; 디자인하다, 설계하다	d
14 quiz		34 (소)도시, 마을	t
15 clap		35 기자, 리포터	r
16 move		36 보물; 소중한 것[사람]	t
17 trunk		37 목구멍, 목	t
18 dozen		38 거의	a
19 tie		39 발견하다	d
20 count		40 마침내	a

누적 테스트 22일차

#	English	Korean	#	Korean	Hint
01	rumor		21	두통	h
02	beef		22	주말	w
03	among		23	소풍, 피크닉	p
04	what		24	궁금하다; 놀라움, 경탄	w
05	curious		25	창문; (컴퓨터 화면의) 창	w
06	volunteer		26	비밀	s
07	daytime		27	갑자기	s
08	wrong		28	국가의, 국가적인	n
09	taste		29	멋진, 훌륭한	w
10	terrible		30	(개개의) 사람, 개인	p
11	zone		31	새, 새로운	n
12	review		32	현명한, 지혜로운	w
13	meal		33	상표, 브랜드	b
14	cheap		34	간호사	n
15	sore		35	100, 백	h
16	diary		36	~을 입어[신어]보다	t
17	true		37	~을 잘하다	b
18	matter		38	~할 마음이 나다; ~처럼 느끼다	f
19	brave		39	~을 제출하다	h
20	anything		40	포기하다	g

누적 테스트 23일차

01	full	21	돈 — m
02	greet	22	모험 — a
03	perfect	23	친절한, 다정한 — f
04	yesterday	24	신이 난, 흥분한 — e
05	stop	25	두꺼운, 굵은 — t
06	than	26	달력 — c
07	blank	27	천, 옷감 — c
08	soft	28	두 번째의; (시간 단위의) 초; 잠깐 — s
09	contest	29	음악의, 음악적인; 뮤지컬 — m
10	stadium	30	수준, 단계 — l
11	city	31	(게임·경기 등의) 참가자[선수]; 연주자 — p
12	real	32	(음식을) 제공하다; (손님을) 응대하다 — s
13	lot	33	모든 것, 모두 — e
14	million	34	탑, 타워 — t
15	hide	35	아무것도 ~아니다[없다] — n
16	cause	36	만화; 만화 영화 — c
17	still	37	우정 — f
18	character	38	~이 존재함을 믿다 — b
19	lift	39	~을 벗다; (비행기가) 이륙하다 — t
20	dear	40	~을 믿다[의지하다] — c

누적 테스트 24일차

#	English	#	Korean	hint
01	joy	21	무엇, 어떤 것	s
02	sleepy	22	스포츠, 운동	s
03	have	23	10대	t
04	word	24	~까지; ~할 때까지	u
05	half	25	야외의; 야외에서	o
06	below	26	맛; 맛이 나다	t
07	dry	27	연설	s
08	heavily	28	선택하다, 고르다	c
09	report	29	(간단한) 시험[테스트]; 퀴즈	q
10	move	30	수의사	v
11	choice	31	내일	t
12	hurt	32	죽음, 사망	d
13	main	33	말하다	s
14	clever	34	바위, 돌	r
15	ill	35	역할, 임무	r
16	part	36	(모르던 것·사람을) 소개하다	i
17	check	37	면접; 인터뷰[회견]	i
18	cheer up	38	팀워크, 협동 작업	t
19	court	39	섬	i
20	gate	40	마침내	a

누적 테스트 25일차

#	English	#	Korean	Hint
01	mall	21	기침하다; 기침	c
02	underground	22	알파벳	a
03	grass	23	하이킹, 도보 여행	h
04	director	24	대화, 회화	d
05	poor	25	채우다	f
06	smell	26	기, 깃발	f
07	speed	27	빗방울	r
08	country	28	우편(물); (우편으로) 보내다 [부치다]	m
09	cheap	29	또 하나의; 다른; 또 하나의 것[사람]	a
10	map	30	일기(장)	d
11	view	31	밧줄, 로프	r
12	death	32	정직한; 솔직한	h
13	create	33	던지다	t
14	trouble	34	가장 좋아하는	f
15	job	35	외국인	f
16	let	36	어느[어떤] 것; 어느, 어떤	w
17	gather	37	달빛	m
18	common	38	쓰레기	t
19	scientist	39	쿠폰, 할인권	c
20	wood	40	~을 알아내다	f

누적 테스트 26일차

| | | 월 일 | score | / 40 |

01 meal
02 hurt
03 give up
04 role
05 find
06 fact
07 score
08 wood
09 item
10 type
11 space
12 find out
13 stick
14 book
15 store
16 catch
17 miss
18 gas
19 light
20 sink

21 들판, 밭; 분야, 영역   f
22 모든 것, 모두   e
23 느낌[기분]; 감정   f
24 병, 질병   i
25 영화   f
26 공항   a
27 뛰어난, 아주 훌륭한   e
28 연료   f
29 판매; 할인 판매, 세일   s
30 (불에) 타다; 태우다   b
31 잎, 나뭇잎   l
32 흔한; 공통의, 공동의   c
33 잡고[들고] 있다; 열다, 개최하다   h
34 자연; 천성, 본성   n
35 짚, 밀짚; 빨대   s
36 누워 있다, 눕다; 놓여 있다; 거짓말하다   l
37 토막, 사각형 덩어리; 한 구획[블록]; (통로 등을) 막다   b
38 제발; 기쁘게 하다   p
39 땅, 토지; 착륙하다   l
40 ~을 잘하다   b

누적 테스트 27일차

01 cause
02 headache
03 cute
04 airport
05 introduce
06 important
07 which
08 most
09 please
10 nature
11 straw
12 block
13 stage
14 touch
15 free
16 present
17 set
18 tip
19 match
20 wave

21 견해, 의견; 경치, 전망　v
22 성격, 기질; (책·영화 등의) 등장인물　c
23 창조하다, 만들어 내다　c
24 순서; 명령하다; 주문하다　o
25 나중에, 후에　l
26 죽은　d
27 과학자　s
28 피, 혈액　b
29 가라앉다; 싱크대　s
30 책; 예약하다　b
31 기체; (난방·조리용 연료인) 가스; 휘발유　g
32 (붙)잡다; (병에) 걸리다　c
33 정사각형; 광장　s
34 (음악) 밴드, 악단; 끈, 띠　b
35 고지서, 청구서; 지폐　b
36 때리다, 두드리다; 이기다　b
37 샤워, 소나기　s
38 요점, 핵심; 점수; 가리키다　p
39 판자; 게시판; 탑승하다　b
40 격려하다; 기운을 내다　c

누적 테스트 28일차 | 월 일 | score / 40

01	flour		21	수학	m
02	royal		22	동의하지 않다, 의견이 다르다	d
03	empty		23	승리	v
04	bottom		24	빨리[빠르게]	q
05	greet		25	위험한	d
06	beat		26	참석[출석]한; 현재의; 선물	p
07	point		27	경기, 시합; 성냥	m
08	order		28	파도, 물결; 흔들리다; 흔들다	w
09	band		29	(진행상의) 단계, 시기; 무대	s
10	square		30	놓다, 두다; (시계·기기를) 맞추다; 한 벌[짝], 세트	s
11	roof		31	긴 의자, 소파	c
12	sell		32	그러나, 그렇지만	h
13	shell		33	값, 가격	p
14	beside		34	또한, ~도	a
15	corner		35	연습하다; 연습	p
16	lazy		36	꿀, 벌꿀	h
17	shy		37	창의[창조]적인	c
18	think		38	베개	p
19	twin		39	어쩌면, 아마	m
20	bowl		40	가수	s

누적 테스트 29일차

| 월 | 일 | score | / 40 |

01 keep
02 false
03 just
04 strange
05 letter
06 honey
07 couch
08 singer
09 maybe
10 price
11 tiny
12 pool
13 clerk
14 haircut
15 plate
16 bucket
17 hero
18 smart
19 rich
20 nobody

21 깨진; 고장 난 b
22 휴일, 공휴일 h
23 달력 c
24 지루해[따분해]하는 b
25 1,000, 천 t
26 팔다; 팔리다 s
27 (우묵한) 그릇; 한 그릇(의 양) b
28 부끄럼을 타는, 수줍어하는 s
29 모퉁이, 모서리 c
30 지붕 r
31 아래층으로[에서] d
32 평화 p
33 나비 b
34 모든 사람, 모두 e
35 싸우다; 싸움 f
36 위(胃), 배 s
37 (시골) 마을 v
38 혀 t
39 눈 먼, 맹인의 b
40 전쟁 w

누적 테스트 30일차   score / 40

01 soil
02 fair
03 share
04 try on
05 believe in
06 blind
07 everyone
08 downstairs
09 village
10 fight
11 worried
12 spill
13 piece
14 cart
15 sun
16 cap
17 towel
18 wife
19 already
20 bean

21 전통   t
22 느리게, 천천히   s
23 힘, 능력; 동력, 에너지   p
24 목이 마른, 갈증이 나는   t
25 주소   a
26 이발; 헤어스타일   h
27 영웅   h
28 아무도 ~않다   n
29 점원, 직원   c
30 웅덩이[못]; 수영장   p
31 바구니   b
32 ~아래[밑]에   u
33 얼음   i
34 스토브, 난로; 가스레인지 s
35 서랍   d
36 (스포츠 팀의)코치   c
37 고무   r
38 (소형) 배, 보트   b
39 모든 곳에, 어디든지   e
40 어리석은   f

DAY 02

01 어른, 성인; 성인의, 다 자란 02 따라가다[오다]; (충고·지시 등을) 따르다 03 빌려주다 04 좋아하다; ~처럼, ~와 비슷한 05 전통 06 모으다, 수집하다 07 시험; 검사 08 사진첩[앨범]; (음악) 앨범 09 먼지 10 모래; 모래사장 11 사방에, 모든 곳에 12 풍선 13 그림자 14 실패하다; (시험에) 떨어지다 15 포즈를 취하다; 자세, 포즈 16 나이 든, 늙은; 오래된 17 빌리다 18 행동하다; 행동 19 바보; 속이다 20 깊은; 깊이, 깊은 곳에 21 hole 22 flour 23 dig 24 ground 25 corn 26 mathematics 27 photographer 28 soil 29 float 30 clay 31 group 32 coin 33 hobby 34 photograph 35 air 36 rice 37 umbrella 38 grain 39 cell, phone 40 before, long

DAY 03

01 점토, 찰흙 02 오래지[머지] 않아, 얼마 후 03 (물에) 뜨다; (공중에) 떠다니다 04 곡물; (곡식의) 낟알; (모래·소금 따위의) 알갱이 05 사진작가, 사진사 06 도착하다; (손·팔 등이) 닿다 07 여성, 숙녀 08 불행한, 슬픈 09 국왕의, 왕실의 10 용서하다, 봐주다; 변명 11 왜, 어째서 12 때리다, 치다 13 보다; (~하게) 보이다 14 공정한, 공평한 15 맨 위, 꼭대기; 맨 위의 16 구멍; 구덩이 17 동전 18 토양, 흙 19 땅(바닥), 지면 20 밀가루 21 tradition 22 lend 23 deep 24 examination 25 shadow 26 market 27 shelf 28 visit 29 today 30 palace 31 fail 32 traditional 33 welcome a 34 allow 35 gentleman 36 sand 37 borrow 38 follow 39 right, away 40 all, over, the, place

DAY 04

01 무리[집단/그룹] 02 공기, 대기; 공중 03 (구멍 등을) 파다 04 선반; (책장의) 칸 05 취미 06 우산 07 맞이하다, 환영하다 08 휴대전화 09 곧바로, 즉시 10 수학 11 사람들; 국민 12 동의하다, 의견이 일치하다 13 차다, 걸어차다 14 ~위에; ~에 15 주먹으로 치다[때리다] 16 (대규모의) 계획, 프로젝트; 연구 과제, 학습 과제 17 동의하지 않다, 의견이 다르다 18 밀다 19 실수, 잘못 20 떨어지다; 떨어뜨리다; 방울 21 photograph 22 fool 23 old 24 collect 25 traditional 26 fair 27 album 28 adult 29 excuse 30 balloon 31 thing 32 neighbor 33 science 34 floor 35 dinner 36 opinion 37 classmate 38 invite 39 slowly 40 look, around

DAY 05

01 좋아하다; ~처럼, ~와 비슷한 02 깊은; 깊이, 깊은 곳에 03 실패하다; (시험에) 떨어지다 04 (물에) 뜨다; (공중에) 떠다니다 05 시험; 검사 06 궁전 07 때리다, 치다 08 보다; (~하게) 보이다 09 급우, 반 친구 10 (주위를) 둘러보다, 구경하다 11 흔들리다; 흔들다; (몸이) 떨리다 12 (그 밖의) 다른; (둘 중) 다른 하나의; 다른 것[사람] 13 비어 있는, 빈 14 왼쪽의; 왼쪽 15 무서워하는, 겁먹은 16 함께 쓰다, 공유하다; 나누다 17 ~을 통해, ~을 지나서 18 코미디의, 희극의; 만화책 19 (촉감으로) 느끼다; (기분·감정 등이) 들다 20 밖에, 밖으로 21 tradition 22 lend 23 hole 24 coin 25 mathematics 26 unhappy 27 visit 28 agree 29 drop 30 slowly 31 apartment 32 planet 33 magazine 34 alone 35 read 36 earth 37 exit 38 believe 39 lucky 40 each, other

DAY 06

01 오래지[머지] 않아, 얼마 후 02 사방에, 모든 곳에 03 전통의; 전통적인 04 신사, 양반 05 이웃(사람) 06 초대[초청]하다 07 것, 물건; 일 08 서로 09 혼자인; 외로운; 혼자(서) 10 행성 11 보호하다, 지키다 12 죽

다 13 아이, 어린이; 자식[자녀] 14 더 적게, 덜하게; 더 적은 15 ~에서(부터); ~부터 16 (일어날) 가능성; 기회 17 충돌하다, 추락하다; 충돌, 추락 18 좋은, 훌륭한; 즐거운, 기쁜 19 힘, 능력; 동력, 에너지 20 바다; 대양 21 lend 22 photographer 23 royal 24 people 25 mistake 26 opinion 27 scared 28 share 29 shake 30 feel 31 doctor 32 fire 33 receive 34 danger 35 victory 36 advice 37 health 38 waste 39 airplane 40 take, away

DAY 07

01 곡물; (곡식의) 낟알; (모래·소금 따위의) 알갱이 02 (물에) 뜨다; (공중에) 떠다니다 03 도착하다; (손·팔 등이) 닿다 04 동의하지 않다, 의견이 다르다 05 떨어지다; 떨어뜨리다; 방울 06 (실내의) 바닥; (건물의) 층 07 왼쪽의; 왼쪽 08 지구; 땅, 지면 09 잡지 10 치우다 11 낭비하다; 낭비 12 위험(성) 13 승리 14 병원에 가다, 진찰을 받다 15 가득 찬; 배가 부른 16 힘, 기운; 에너지, 동력 자원 17 특별한, 특수한 18 기침하다; 기침 19 얇은, 가는; 마른, 야윈 20 항상, 언제나 21 shadow 22 nap 23 market 24 invent 25 push 26 through 27 out 28 empty 29 power 30 crash 31 protect 32 from 33 spread 34 quick 35 thirsty 36 rumor 37 machine 38 lunchtime 39 right, away 40 look, around

DAY 08

01 바보; 속이다 02 취미 03 용서하다, 봐주다; 변명 04 (대규모의) 계획, 프로젝트; 연구 과제, 학습 과제 05 믿다 06 출구 07 (그 밖의) 다른; (둘 중) 다른 하나의; 다른 것[사람] 08 충고, 조언 09 비행기 10 건강 11 빨리[빠르게] 12 살찐, 뚱뚱한; 지방 13 쇼핑몰 14 필요하다; 필요(성) 15 합계, 총액; 총, 전체의 16 계단 17 (돈을) 지불하다, 내다 18 맨 아래, 바닥; 맨 아래의 19 많은; 매우, 대단히 20 마시다; 음료, 마실 것 21 examination 22 look 23 thing 24 classmate 25 comic 26 apartment 27 less 28 special 29 receive 30 joy 31 news 32 inventor 33 write 34 script 35 poem 36 something 37 spend 38 money 39 see, a, doctor 40 try, on

DAY 09

01 빌리다 02 공기, 대기; 공중 03 공정한, 공평한 04 주먹으로 치다[때리다] 05 함께 쓰다, 공유하다; 나누다 06 무서워하는, 겁먹은 07 (일어날) 가능성; 기회 08 바다; 대양 09 펴다; 퍼지다; 퍼뜨리다 10 잠깐의 잠, 낮잠 11 기계 12 비용, 값; (비용·값이) ~이다[들다] 13 ~을 입에[신어]보다 14 간단한 식사, 간식 15 숙어, 관용구 16 미소 짓다, (생긋) 웃다; 미소, 웃음 17 건강한; 건강에 좋은 18 문장 19 방문객, 손님 20 마음, 정신; 꺼리다[싫어하다], 상관하다 21 collect 22 unhappy 23 neighbor 24 invite 25 painter 26 doctor 27 child 28 good 29 always 30 cough 31 stand 32 poet 33 stair 34 greet 35 famous 36 alphabet 37 weekend 38 sometimes 39 each, other 40 write, down

DAY 10

01 땅(바닥), 지면 02 점토, 찰흙 03 궁전 04 밀다 05 운이 좋은; 행운의 06 행성 07 불; 화재 08 더 적게, 덜하게; 더 적은 09 병원에 가다, 진찰을 받다 10 빠른, 신속한 11 대본, 각본 12 늦은, 지각한; 늦게 13 ~이 되다, ~해지다 14 몸, 신체 15 주말 16 큰, 거대한; 훌륭한, 멋진 17 ~에 타다 18 (좌우 어느 한) 쪽[측]; 옆(면), 측면 19 녹다; 녹이다 20 (공공장소의) 화장실 21 photograph 22 shelf 23 science 24 drop 25 read 26 protect 27 victory 28 full 29 energy 30 total 31 eat 32 example 33 sleepy 34 writer

35 healthy 36 dangerous 37 underground 38 exciting 39 adventure 40 upstairs

DAY 11

01 곧바로, 즉시 02 저녁 (식사) 03 비어 있는, 빈 04 충돌하다, 추락하다; 충돌, 추락 05 발명가 06 점심시간 07 무엇, 어떤 것 08 맨 아래, 바닥; 맨 아래의 09 때때로, 가끔 10 자다; 잠, 수면 11 화가 12 (식용 짐승의) 고기, 육류 13 둘 다의, 양쪽의; 둘 다, 양쪽 14 활동적인; 적극적인 15 복도, 홀, 강당 16 ~중[사이]에 17 (상태) 유지하다; 계속하다 18 지역; (특정 공간 내의) 구역 19 ~때문에, 왜냐하면 20 풀, 잔디 21 classmate 22 through 23 advice 24 waste 25 thirsty 26 need 27 drink 28 idiom 29 sentence 30 mind 31 beef 32 mouth 33 wide 34 enjoy 35 sport 36 cross 37 powerful 38 absent 39 teenager 40 believe, in

DAY 12

01 도착하다; (손·팔 등이) 닿다 02 (주위를) 둘러보다, 구경하다 03 흔들리다; 흔들다; (몸이) 떨리다 04 치우다 05 기쁨, 즐거움 06 계단 07 (돈을) 쓰다; (시간을) 보내다 08 졸리는 09 모험 10 신나는, 흥미진진한 11 위층으로[에서] 12 보도, 인도 13 멀리(로), 떨어져; ~에서 떨어져 14 인간[사람]의; 인간, 사람 15 횡단보도 16 ~하는 동안; ~인 데 반하여 17 (기름에) 튀기다, 볶다 18 수리하다, 고치다; 고정시키다 19 (결함 없는) 완벽한; (목적에) 꼭 알맞은 20 ~동안 (내내) 21 invite 22 magazine 23 airplane 24 quickly 25 machine 26 poem 27 late 28 smile 29 asleep 30 restroom 31 melt 32 sick 33 student 34 nation 35 popular 36 habit 37 freeze 38 meeting 39 get, on 40 eat, out

DAY 13

01 맞이하다, 환영하다 02 느리게, 천천히 03 서로 04 위험(성) 05 소문 06 (돈을) 지불하다, 내다 07 ~을 적다 08 유명한 09 길, 도로 10 스포츠, 운동 11 결석한 12 ~이 존재함을 믿다 13 손톱, 발톱; 못 14 (벽에 걸거나 실내에 두는) 시계 15 하루, 날; 낮, 주간 16 집중하다[시키다]; 초점 17 궁금하다; 놀라움, 경탄 18 경영자[관리자] 19 틀린; 거짓의, 가짜의 20 (회사의) 이사, 임원; (영화 등의) 감독 21 agree 22 apartment 23 child 24 nap 25 information 26 much 27 alphabet 28 hall 29 dangerous 30 sidewalk 31 keep 32 among 33 broken 34 fresh 35 hiking 36 company 37 schoolwork 38 happen 39 try, on 40 after, a, while

DAY 14

01 허락하다 02 차다, 걷어차다 03 출구 04 (일어날) 가능성; 기회 05 힘, 기운; 에너지, 동력 자원 06 쇼핑몰 07 문장 08 즐기다 09 활동적인; 적극적인 10 10대 11 지역; (특정 공간 내의) 구역 12 물다; 물린 상처 13 데우다, 열 14 단지, 오직; 유일한 15 뜻하다[의미하다] 16 (연극·영화 등의) 장면; (행위·사건의) 현장[장소] 17 방학, 휴가 18 머무르다; 머무름, 체류 19 주제, 화제 20 ~까지; ~할 때까지 21 classmate 22 believe 23 ocean 24 result 25 stand 26 late 27 weekend 28 meat 29 underground 30 because 31 picnic 32 while 33 partner 34 guess 35 yesterday 36 understand 37 excited 38 dialogue 39 see, a, doctor 40 by, the, way

DAY 15

01 실수, 잘못 02 더 적게, 덜하게; 더 적은 03 얇은, 가는; 마른, 야윈 04 비용, 값; (비용·값이) ~이다[들다] 05 예[사례/보기] 06 쇠[소]고기 07 ~(에서); ~에 08 (가로질러) 건너다; 가로지르다 09 가지고 있다; 먹다, 마시다 10 외식하다 11 (일·사건 등이) 일어나다 12 단어, 낱말; 말 13 무엇, 어떤 것; 무슨, 어떤 14 야영지; 캠프; 야영[캠핑]하다 15 토론하다, 의논하다 16 딱[꼭]; 방금, 막; 그저, 단지 17 ~을 돌보다 18 틀린, 잘못된; 나쁜 19 가난한; 불쌍한 20 반, 절반; 반[절반]의 21 left 22 crash 23 invent 24 bottom 25 healthy 26 mouth 27 upstairs 28 grass 29 perfect 30 clock 31 meaning 32 useful 33 surprised 34 holiday 35 culture 36 curious 37 volunteer 38 usually 39 wheelchair 40 recipe

DAY 16

01 과학 02 코미디의, 희극의; 만화책 03 펴다; 퍼지다; 퍼뜨리다 04 시인 05 방문객, 손님 06 위험한 07 10대 08 (상태를) 유지하다; 계속하다 09 (기름에) 튀기다, 볶다 10 학업, 학교 공부 11 정보, 자료 12 멈추다, 중단하다; 멈춤, 중단; 정류장 13 신이 난, 흥분한 14 베다; 자르다 15 ~보다 16 재미, 즐거움; 재미있는, 즐거운 17 낮(시간), 주간 18 ~아래에; 아래[밑]에 19 공백의, 빈칸 20 계속되다; 계속하다 21 good 22 always 23 interested 24 writer 25 adventure 26 both 27 sidewalk 28 asleep 29 bite 30 manager 31 indoor 32 teen 33 address 34 thick 35 hour 36 cancel 37 activity 38 fashion 39 try, on 40 on, time

DAY 17

01 (주위를) 둘러보다, 구경하다 02 특별한, 특수한 03 (돈을) 지불하다, 내다 04 주말 05 ~에 내리다 06 인기 있는 07 수리하다, 고치다; 고정시키다 08 손톱, 발톱; 못 09 추측[짐작]하다; 추측, 짐작 10 비, 빗물; 비가 오다 11 방학, 휴가 12 호기심이 많은, 궁금한 13 비밀 14 아이; 농담하다, 놀리다 15 채우다 16 (들어) 올리다, 들다; 키우다[기르다] 17 마지막의; 지난 18 밖(에서); ~밖에; 바깥쪽, 외부 19 맛; 맛이 나다 20 매콤한, 자극적인 21 lucky 22 national 23 something 24 strange 25 wide 26 human 27 hiking 28 mean 29 clothes 30 stay 31 paper 32 bark 33 calendar 34 suddenly 35 artist 36 take, away 37 write, down 38 after, a, while 39 take, care, of 40 feel, like

DAY 18

01 힘, 능력; 동력, 에너지 02 발명가 03 마음, 정신; 꺼리다[싫어하다], 상관하다 04 녹다; 녹이다 05 멀리(로), 떨어져; ~에서 떨어져 06 하루, 날; 낮, 주간 07 집중하다[시키다]; 초점 08 동료, 동업자; (춤·게임 등의) 상대, 파트너 09 대화, 회화 10 생각, 발상; 이해, 지식 11 보살핌, 조심, 주의; 신경 쓰다 12 예술; 미술 13 관심[흥미] 있는 14 마른, 건조한; 마르다; 말리다 15 (맛이) 신, 시큼한; (우유 등이) 상한 16 두 번째의; (시간 단위의) 초; 잠깐 17 (양·정도가) 심하게[아주 많이] 18 속도; 빨리 가다 19 병; 한 병(의 양) 20 빗방울 21 scared 22 drink 23 underground 24 student 25 during 26 freeze 27 false 28 scene 29 sure 30 usual 31 game 32 end 33 flag 34 dream 35 smell 36 speech 37 bored 38 recycle 39 contest 40 take, off

DAY 19

01 불; 화재 02 합계, 총액; 총, 전체의 03 복도; 홀, 강당 04 횡단보도 05 ~하는 동안; ~인 데 반하여 06 어제 07 ~까지; ~할 때까지 08 문화 09 요리법 10 (특정 분야의) 활동 11 달력 12 ~할 마음이 나다; ~처럼

느끼다 13 안 좋은, 나쁜, 불쾌한 14 이야기; (건물의) 층 15 공원; 주차하다 16 싸다, 포장하다; (몸을) (감)싸다 17 우편(물); (우편으로) 보내다[부치다] 18 수준, 단계 19 (크기·정도가) 엄청난, 거대한 20 나라; 시골 21 quickly 22 sentence 23 enjoy 24 because 25 broken 26 give 27 schoolwork 28 deliver 29 just 30 half 31 tonight 32 soft 33 cloth 34 prize 35 terrible 36 newspaper 37 stadium 38 report 39 by, the, way 40 hand, in

DAY 20

01 받다 02 (한 편의) 시(詩) 03 (좌우 어느 한) 쪽[측]; 옆(면), 측면 04 영향력 있는; 강력한 05 물다; 물린 상처 06 회사 07 주제, 화제 08 틀린, 잘못된; 나쁜 09 취소하다 10 시간을 어기지 않고, 제시간에 11 옷, 의복 12 (개 등이) 짖다 13 아름다움, 미(美); 미인 14 유리; 유리잔, 안경 15 편지; 글자, 문자 16 또 하나의; 다른; 또 하나의 것[사람] 17 (게임·경기 등의) 참가자[선수]; 연주자 18 수의사 19 ~을 잘하다 20 (음식을) 제공하다; (손님을) 응대하다 21 machine 22 become 23 sick 24 heat 25 happen 26 camp 27 poor 28 usually 29 fun 30 hate 31 zone 32 plastic 33 storm 34 post 35 building 36 between 37 tasty 38 designer 39 thousand 40 choice

DAY 21

01 힘, 기운; 에너지, 동력 자원 02 늦은, 지각한; 늦게 03 (가로질러) 건너다; 가로지르다 04 외식하다 05 단지, 오직; 유일한 06 확신하는[확실한] 07 ~을 돌보다 08 예술가, 화가 09 유행; 패션, 의류업계 10 젖은, 축축한 11 (폐품을) 재활용[재생]하다 12 상, 상품 13 선택하다, 고르다 14 (간단한) 시험[테스트]; 퀴즈 15 박수를 치다; (손뼉을) 치다 16 움직이다; 이사하다 17 (나무의) 몸통; (자동차의) 트렁크, 짐칸 18 (같은 물건의) 다스, 12개 19 묶다, 매다; 넥타이 20 (총 수를) 세다, 계산하다; (수를 차례로) 세다 21 doctor 22 script 23 restroom 24 habit 25 guess 26 result 27 recipe 28 continue 29 last 30 spicy 31 boring 32 president 33 design 34 town 35 reporter 36 treasure 37 throat 38 almost 39 discover 40 at, last

DAY 22

01 소문 02 쇠[소]고기 03 ~중[사이]에 04 무엇, 어떤 것; 무슨, 어떤 05 호기심이 많은, 궁금한 06 자원봉사자; 자원봉사 하다 07 낮(시간), 주간 08 틀린, 잘못된; 나쁜 09 맛; 맛이 나다 10 끔찍한; 심한 11 지역, 구역 12 (재)검토하다; 검토; 논평[비평] 13 식사, 끼니 14 (값이) 싼 15 (조금만 닿아도) 아픈, 따가운 16 일기(장) 17 사실인, 맞는; 진짜의 18 문제, 일; 문제가 되다, 중요하다 19 용기 있는, 용감한 20 무엇인가, 아무것도; 무엇이든 21 headache 22 weekend 23 picnic 24 wonder 25 window 26 secret 27 suddenly 28 national 29 wonderful 30 person 31 new 32 wise 33 brand 34 nurse 35 hundred 36 try, on 37 be, good, at 38 feel, like 39 hand, in 40 give, up

DAY 23

01 가득 찬; 배가 부른 02 맞이하다, 환영하다 03 (결함 없는) 완벽한; (목적에) 꼭 알맞은 04 어제 05 멈추다, 중단하다; 멈춤, 중단; 정류장 06 ~보다 07 공백; 빈칸 08 부드러운 09 대회, 콘테스트 10 경기장, 스타디움 11 도시 12 (허구가 아닌) 실제의; (가짜가 아닌) 진짜의 13 (수·양이) 많음, 다량 14 100만 15 감추다[숨기다]; 숨다 16 원인; ~의 원인이 되다, ~을 초래하다 17 아직도, 여전히; 가만히 있는 18 성격, 기질;

(책·영화 등의) 등장인물 19 (들어)올리다 20 소중한; (편지 첫머리에) ~에게[께] 21 money 22 adventure 23 friendly 24 excited 25 thick 26 calendar 27 cloth 28 second 29 musical 30 level 31 player 32 serve 33 everything 34 tower 35 nothing 36 cartoon 37 friendship 38 believe, in 39 take, off 40 count, on

DAY 24

01 기쁨, 즐거움 02 졸리는 03 가지고 있다; 먹다, 마시다 04 단어, 낱말; 말 05 반, 절반; 반[절반]의 06 ~ 아래에; 아래[밑]에 07 마른, 건조한; 마르다; 말리다 08 (양·정도가) 심하게[아주 많이] 09 보고(서); 보고하다 10 움직이다; 이사하다 11 선택(하는 행동); 선택권 12 다치게 하다; 아프다 13 주된, 주요한 14 영리한 15 아픈, 건강이 나쁜 16 일부, 약간; 부분 17 확인하다; 점검하다; 확인, 점검 18 격려하다; 기운을 내다 19 법정, 법원; 경기장, 코트 20 문, 출입문 21 something 22 sport 23 teenager 24 until 25 outdoor 26 taste 27 speech 28 choose 29 quiz 30 vet 31 tomorrow 32 death 33 say 34 rock 35 role 36 introduce 37 interview 38 teamwork 39 island 40 at, last

DAY 25

01 쇼핑몰 02 지하의; 지하에 03 풀, 잔디 04 (회사의) 이사, 임원; (영화 등의) 감독 05 가난한; 불쌍한 06 냄새가 나다; 냄새를 맡다; 냄새 07 속도; 빨리 가다 08 나라; 시골 09 (값이) 싼 10 지도 11 견해, 의견; 경치, 전망 12 죽음, 사망 13 창조하다, 만들어 내다 14 어려움, 문제 15 일(자리), 직장; 일[과제], 책임 16 ~하게 놓아두다, ~하도록 허락하다; ~하자 17 모이다, 모으다 18 흔한; 공통의, 공동의 19 과학자 20 나무, 목재; 숲 21 cough 22 alphabet 23 hiking 24 dialogue 25 fill 26 flag 27 raindrop 28 mail 29 another 30 diary 31 rope 32 honest 33 throw 34 favorite 35 foreigner 36 which 37 moonlight 38 trash 39 coupon 40 find, out

DAY 26

01 식사, 끼니 02 다치게 하다; 아프다 03 포기하다 04 역할, 임무 05 찾다, 발견하다 06 사실 07 득점, 점수; 득점하다 08 나무, 목재; 숲 09 (목록상의 개개) 항목; 물품[품목] 10 종류, 유형 11 공간; 우주 12 ~을 알아내다 13 (부러진) 나뭇가지, 막대기; 스틱, 채 14 책; 예약하다 15 가게, 상점; 저장[보관]하다 16 (붙)잡다; (병에) 걸리다 17 (닿지 못하고) 놓치다, 빗나가다; (늦어서) 놓치다; 그리워하다 18 기체; (난방·조리용 연료인) 가스; 휘발유 19 (해·전등 등의) 빛; (전깃)불, (전)등 20 가라앉다; 싱크대 21 field 22 everything 23 feeling 24 illness 25 film 26 airport 27 excellent 28 fuel 29 sale 30 burn 31 leaf 32 common 33 hold 34 nature 35 straw 36 lie 37 block 38 please 39 land 40 be, good, at

DAY 27

01 원인; ~의 원인이 되다, ~을 초래하다 02 두통 03 귀여운, 예쁜 04 공항 05 (모르던 것·사람을) 소개하다 06 중요한 07 어느[어떤] 것; 어느, 어떤 08 최대[최고]의, 가장 많은; 대부분의; 가장 09 제발; 기쁘게 하다 10 자연; 천성, 본성 11 짚, 밀짚; 빨대 12 토막, 사각형 덩어리; 한 구획[블록]; (통로 등을) 막다 13 (진행상의) 단계, 시기; 무대 14 만지다; 감동시키다 15 자유로운; 무료의, 공짜의; 한가한 16 참석[출석]한; 현재의; 선물 17 놓다, 두다; (시계·기기를) 맞추다; 한 벌[짝], 세트 18 (뾰족한) 끝; 조언 19 경기, 시합; 성냥 20 파도, 물결; 흔들리다; 흔들다 21 view 22 character 23 create 24 order 25 later 26 dead 27 scientist

28 blood 29 sink 30 book 31 gas 32 catch 33 square 34 band 35 bill 36 beat 37 shower 38 point 39 board 40 cheer, up

DAY 28

01 밀가루 02 국왕의, 왕실의 03 비어 있는, 빈 04 맨 아래, 바닥; 맨 아래의 05 맞이하다, 환영하다 06 때리다, 두드리다; 이기다 07 요점, 핵심; 점수; 가리키다 08 순서; 명령하다; 주문하다 09 (음악) 밴드, 악단; 끈, 띠 10 정사각형; 광장 11 지붕 12 팔다; 팔리다 13 껍데기[껍질] 14 ~의 옆에 15 모퉁이, 모서리 16 게으른 17 부끄럼을 타는, 수줍어하는 18 생각하다 19 쌍둥이; 쌍둥이의 20 (우묵한) 그릇; 한 그릇(의 양) 21 mathematics 22 disagree 23 victory 24 quickly 25 dangerous 26 present 27 match 28 wave 29 stage 30 set 31 couch 32 however 33 price 34 also 35 practice 36 honey 37 creative 38 pillow 39 maybe 40 singer

DAY 29

01 (상태를) 유지하다; 계속하다 02 틀린; 거짓의, 가짜의 03 딱[꼭]; 방금, 막; 그저, 단지 04 이상한; 낯선 05 편지; 글자, 문자 06 꿀, 벌꿀 07 긴 의자, 소파 08 가수 09 어쩌면, 아마 10 값, 가격 11 아주 작은[적은] 12 웅덩이[못]; 수영장 13 점원, 직원 14 이발; 헤어스타일 15 (주로 납작하고 둥근) 접시 16 양동이, 들통 17 영웅 18 영리한, 똑똑한 19 부자인, 부유한 20 아무도 ~않다 21 broken 22 holiday 23 calendar 24 bored 25 thousand 26 sell 27 bowl 28 shy 29 corner 30 roof 31 downstairs 32 peace 33 butterfly 34 everyone 35 fight 36 stomach 37 village 38 tongue 39 blind 40 war

DAY 30

01 토양, 흙 02 공정한, 공평한 03 함께 쓰다, 공유하다; 나누다 04 ~을 입어[신어]보다 05 ~이 존재함을 믿다 06 눈 먼, 맹인의 07 모든 사람, 모두 08 아래층으로[에서] 09 (시골) 마을 10 싸우다; 싸움 11 걱정하는 12 엎지르다, 쏟다; 쏟아지다 13 조각, 한 개, 한 장 14 짐수레, 마차 15 해, 태양 16 (앞에 챙이 달린) 모자 17 수건, 타월 18 아내, 부인 19 이미, 벌써 20 콩; 열매 21 tradition 22 slowly 23 power 24 thirsty 25 address 26 haircut 27 hero 28 nobody 29 clerk 30 pool 31 basket 32 under 33 ice 34 stove 35 drawer 36 coach 37 rubber 38 boat 39 everywhere 40 foolish

Vocabulary LIVE는

초·중등 영어 학습자들을 위한 7단계 어휘 교재로, 총 4,500여 개의 기본 어휘가 수록되어 있습니다.

Basic

초1~초4
30일 420개 표제어 /
총 840개 표제어

Intermediate

초4~예비중
30일 592개 표제어 /
총 1,184개 표제어

Advanced
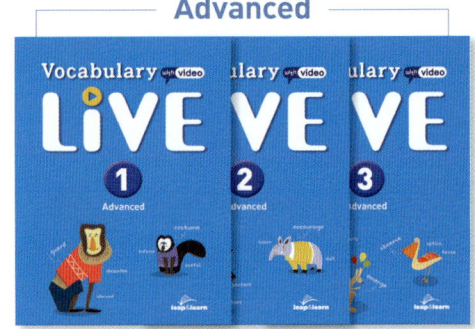
중1~중2 / 중2~중3 / 중3~예비고
30일 708개 표제어 (1~2권) /
40일 908개 표제어 (3권) / 총 2,324개 표제어

Vocabulary LIVE의 특장점

1

어휘 암기의 효과를 높이는
학습 동영상 제공

2

무료 온라인 어휘 암기용
프로그램 제공

❸ 선생님들을 위한 편리한 온라인 어휘 테스트 메이커 제공(홈페이지)
❹ 개별 어휘를 의미 단위로 연결시켜 통째로 암기하는 덩어리 표현 수록
❺ 일일 테스트와 누적 테스트를 통한 체계적인 반복 학습

Downloadable Resources www.leapnlearn.co.kr

WORKBOOK